KitchenAid®

LES MEILLEURES RECETTES

Broquet

97-B, Montée des Bouleaux,
Saint-Constant, Qc, Canada, J5A 1A9
Internet : www.broquet.qc.ca Courriel : info@broquet.qc.ca
Tél. : (450) 638-3338 Téléc. : (450) 638-4338

Catalogage avant publication de Bibliothèque et Archives nationales du Québec et Bibliothèque et Archives Canada

Vedette principale au titre:

Les meilleures recettes KitchenAid

Traduction de: KitchenAid best-loved recipes.

Comprend un index.

ISBN 978-2-89654-217-8

1. Cuisine. I. Courtemanche, Anne-Marie.

TX714.K47214 2011 641.5 C2010-942118-3

POUR L'AIDE À LA RÉALISATION DE SON PROGRAMME ÉDITORIAL, L'ÉDITEUR REMERCIE:

Le gouvernement du Canada par l'entremise du Programme d'aide au développement de l'industrie de l'édition (PADIÉ); La Société de développement des entreprises culturelles (SODEC); l'Association pour l'exportation du livre canadien (AELC).

Le gouvernement du Québec – Programme de crédit d'impôt pour l'édition de livres – Gestion SODEC.

Titre original: *KitchenAid best-loved recipes.*

Remerciements particuliers au personnel de KitchenAid.
www.KitchenAid.com

En photo sur la page couverture: Glaçage au chocolat (page 101).
En photo sur la couverture arrière (de gauche à droite): Makis végétariens (page 18), pain croustillant de grains entiers (page 40) et gâteau au fromage marbré (page 92).

Pour l'édition canadienne (française)
Traduction: Anne-Marie Courtemanche
Révision: Andrée Laprise, Rachel Fontaine
Infographie: Nancy Lépine

Dépôt légal – Bibliothèque et Archives nationales du Québec
2e trimestre 2011

Imprimé en Chine

ISBN: 978-2-89654-217-8

Cuisson au micro-ondes: Les fours à micro-ondes ont tous une puissance différente. Utilisez les temps de cuisson comme lignes directrices et vérifiez la cuisson avant de cuire davantage.

sommaire

Introduction 4
Glossaire des termes de cuisine 10
Hors-d'œuvre 16
Pains 38
Petits déjeuners et brunchs 62
Gâteaux 84
Biscuits, barres et bonbons 106
Desserts 126
Plats principaux 144
Pâtes, riz et céréales 174
Tartes 196
Salades et vinaigrettes 218
Accompagnements et sauces 228
Index des recettes 248
Tableau de conversion métrique 256

Le batteur sur socle KitchenAid® :

90 ans de qualité

Depuis que KitchenAid a inventé cet outil, il y a 90 ans, et que celui-ci est entré dans les cuisines nord-américaines, les cuisiniers et cuisinières utilisent avec plaisir nos produits pour mélanger et mixer leurs propres délices novateurs. Du pain croustillant de grains entiers à la salade rustique de cerises sèches, les recettes coup de cœur de KitchenAid proposent une variété surprenante de plats qui délecteront, sans aucun doute, vos sens et plairont à votre palais. Nous espérons que vous trouverez le passé intéressant et l'avenir tentant, lorsque vous ferez l'essai de nos hors-d'œuvre, de nos plats principaux, de nos pains ainsi que de nos desserts.

Des débuts modestes

L'histoire de l'iconique batteur sur socle KitchenAid a débuté grâce à la rencontre heureuse entre un boulanger-pâtissier débordé de travail et un ingénieur brillant. Nous sommes en 1908 et Herbert Johnston, ingénieur pour la Hobart Manufacturing Company de Troy, en Ohio, observe le boulanger alors qu'il mélange une pâte à pain à l'aide d'une très vieille cuillère de métal. Convaincu qu'il existe un moyen plus efficace de travailler, Johnston développe un batteur électrique sur pied de 90 litres. Moins de sept années plus tard, les boulangers-pâtissiers du pays détenaient un moyen plus facile et efficace de travailler la pâte.

CALENDRIER HISTORIQUE DES APPAREILS KITCHENAID

L'histoire des appareils KitchenAid est parallèle à celle des progrès technologiques, aux États-Unis. Les origines de l'entreprise remontent à plus d'un siècle. Elles prennent principalement leurs racines dans deux inventions : le lave-vaisselle et le batteur sur socle – qui ont été conçus à 25 années d'écart dans deux petites villes du Mid-West américain.

1883

La très mondaine Josephine Cochrane de Shelbyville, en Illinois, est déterminée à inventer un moyen mécanique pour laver la vaisselle. Elle effectue donc des expériences qui consistent entre autres à vaporiser de l'eau savonneuse chaude sur des assiettes. Trois années plus tard, la Garis-Cochrane Manufacturing Company (dont le nom ignore volontairement le fait que la présidente est une femme) reçoit le premier de plusieurs brevets pour son lave-vaisselle commercial. Vingt ans plus tard, l'entreprise développe un modèle pour la maison.

1908

L'ingénieur Herbert Johnston observe un boulanger-pâtissier mélanger la pâte à l'aide d'une très lourde cuillère en fer. Convaincu qu'il existe une meilleure façon de faire, il commence à concevoir le premier batteur sur socle commercial.

Cette nouvelle machine efficace est devenue populaire si rapidement que même la Marine américaine en commande des exemplaires pour trois nouveaux cuirassés : le *California*, le *Tennessee* et le *South Carolina*. En 1917, le batteur sur socle est considéré comme « matériel courant » sur tous les navires de la marine américaine. Le succès retentissant du produit incite les ingénieurs de Hobard à concevoir un plus petit modèle qui puisse être utilisé dans les cuisines résidentielles. Malheureusement, la Première Guerre mondiale vient contrecarrer ce plan et le concept doit attendre le retour de la paix.

1919 : La naissance d'une qualité sans précédent

1919 est une année de changements. Les sombres journées de guerre laissent la place à la gaieté des folles années 1920, et une ère de prospérité et de progrès s'ouvre. Comme d'autres usines de munitions au pays, Troy Metal Products Company (une filiale de Hobart) ravive ses efforts de paix et se met à travailler sur le batteur sur socle de modèle H-5 – le premier « préparateur d'aliments » pour la maison.

1914

Le modèle H, un batteur sur socle commercial, d'une capacité de 90 litres, conçu par Herbert Johnston, fait son apparition sur le marché. En trois ans, ce batteur devient « matériel courant » sur tous les navires de la Marine américaine.

1919

Le modèle H-5, le premier modèle de batteur sur socle pour la maison, est mis en marché. Qualifié de « best kitchen aid » (meilleure aide de cuisine) par l'épouse d'un dirigeant de l'entreprise, le produit trouve immédiatement sa marque de commerce qui est rapidement inscrite auprès de l'U.S. Patent Office.

Le modèle H-5 propose des accessoires qui font tout, du tranchage en passant par le filtrage, ce qui permet de le mettre en marché comme un « outil de préparation d'aliments » polyvalent. Aujourd'hui, les batteurs sur socle KitchenAid peuvent être convertis en différents outils de cuisine comme une machine à faire les pâtes, un poussoir à saucisses, un broyeur d'aliments, un presse-agrumes et une machine à crème glacée, grâce à plus d'une douzaine d'accessoires optionnels.

Fait intéressant, tous les accessoires pour batteur sur socle fonctionnent avec tous les modèles de batteurs KitchenAid, même l'original !

1920

L'entreprise KitchenAid Manufacturing Company est créée. La fabrication des batteurs sur socle KitchenAid déménage à Troy, en Ohio.

1923

KitchenAid lance une campagne de publicité, dans les médias nationaux, pour publiciser ses batteurs sur socle.

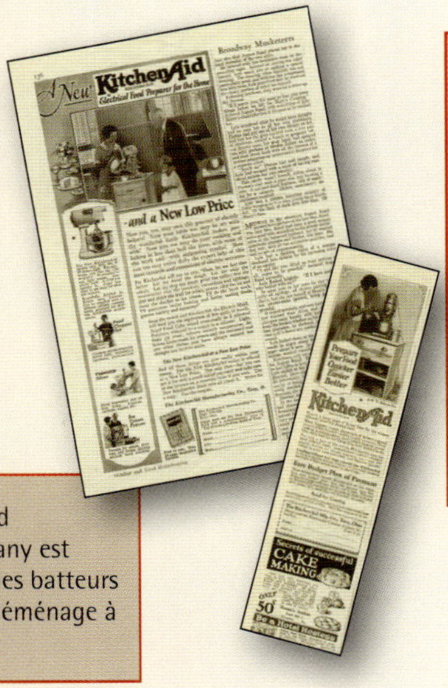

1926

KitchenAid fait l'acquisition de Crescent Washing Machine (un des noms utilisés pour nommer le concept de Josephine Cochrane à la suite de son décès) et change son nom. L'appareil devient le « warewasher ».

Les épouses des dirigeants de l'entreprise furent d'ailleurs mandatées pour tester les prototypes initiaux. À la suite d'essais fructueux, une des épouses affirma : « Je me fiche de savoir comment vous l'appelez, mais c'est la meilleure aide pour la cuisine (kitchen aid) que je n'ai jamais eue ! » Une marque était née ! Et le premier batteur sur socle KitchenAid fut proposé aux consommateurs américains en 1919. Le modèle H-5 fut le premier de la vaste gamme de batteurs sur socle KitchenAid utilisant une « action planétaire », ce design révolutionnaire qui fait tourner le batteur dans une direction et le bol dans l'autre, et comprenant des accessoires qui permettent de gagner du temps, comme un broyeur d'aliments et un extracteur de jus.

Le nouveau batteur sur socle s'est donc mis à parcourir la ligne d'assemblage au rythme de quatre par jour ; un moindre mal puisque les détaillants étaient au départ plutôt hésitants à proposer ce produit unique. Déterminé, l'effectif de ventes de

CALENDRIER HISTORIQUE DES APPAREILS KITCHENAID

1927

Le batteur sur socle de modèle G fait son apparition sur le marché. Plus léger et compact que le modèle H-5, il se vend à 20 000 unités au cours de ses trois premières années sur le marché. Parmi les premiers utilisateurs de ces appareils, nommons John Barrymore, Henry Ford et Ginger Rogers.

1935

Le lave-vaisselle portatif de KitchenAid fait son entrée sur le marché. L'année suivante, le modèle à chargement avant est présenté, suivi de près par celui doté de paniers coulissants.

1936

On retient les services du designer de réputation nationale Egmont Arens pour concevoir trois nouveaux modèles de batteur sur socle.

1937

Le modèle K, conçu par M. Arens, est mis en marché. Au mois d'août, deux moulins à café conçus par Arens, le modèle A-9 et le modèle A-10, se joignent à la gamme de produits KitchenAid. La production de KitchenAid est déménagée à Dayton, en Ohio.

1941

À la veille de la Deuxième Guerre mondiale, KitchenAid met en marché le modèle K5A de M. Arens. Les trois batteurs sur socle conçus par ce dernier sont virtuellement inchangés aujourd'hui.

1942

L'usine de Dayton passe à la fabrication de munitions et, pendant la guerre, obtient des prix « E » d'excellence. KitchenAid fait l'acquisition de deux bâtiments à Greenville, en Ohio, dans le but éventuel d'y fabriquer ses produits.

l'entreprise, majoritairement composé de femmes, commença à vendre en porte-à-porte le modèle H-5 pesant 65 livres. Les représentantes se mirent donc à proposer des démonstrations à domicile, à des groupes de femmes modernes cherchant à simplifier leur vie grâce à cette excitante machine révolutionnaire qui mélange, bat, coupe, crème, tranche, hache, broie, passe et congèle.

L'innovation et la qualité ont toujours été la marque de commerce des appareils KitchenAid. Avec les décennies, l'entreprise s'est d'ailleurs davantage concentrée sur la satisfaction des besoins changeants des consommateurs. Lorsque l'urbanisation a transporté les Américains dans de plus petits logements urbains, KitchenAid a réagi en proposant un modèle G moins coûteux, mais surtout plus compact que le modèle H-5 dont le poids était 50 % plus élevé. Pendant la crise économique qui a touché le pays dans les années 1930,

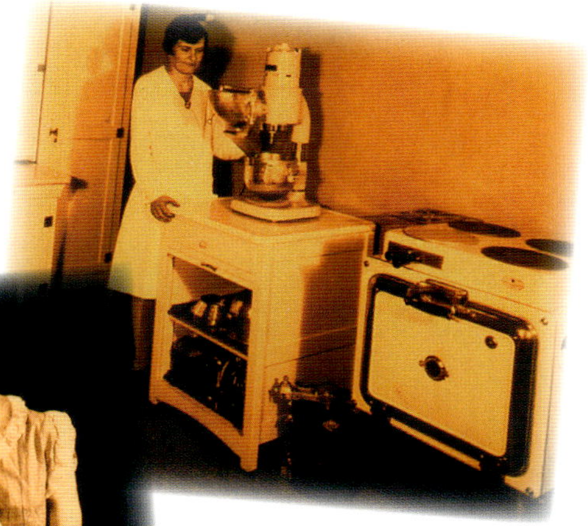

1946 **1955** **1962** **1970** **1986** **1992**

La fin de la Deuxième Guerre mondiale permet la reprise de la production normale, alors déménagée de Dayton à Greenville, en Ohio.
KitchenAid met en marché le lave-vaisselle KD-10 destiné à l'utilisation résidentielle. Contrairement à d'autres lave-vaisselle résidentiels qui ne font que propulser de l'eau sur la vaisselle, celui-ci distribue l'eau grâce à un système pressurisé.

KitchenAid fait son entrée dans l'industrie de la cuisson en faisant l'acquisition de Chambers Range Company, une entreprise créée en 1912, à Shelbyville, en Indiana.
KitchenAid dévoile des batteurs sur socle stylisés aux couleurs originales dans le cadre de l'Atlantic City Housewares Show. Parmi les nouvelles couleurs, nommons le rose pétale, le jaune ensoleillé, le vert des îles, le chrome satiné et le cuivre antique.

Le modèle K45, dont la capacité est de 5 litres, est mis en marché. Le batteur sur socle KitchenAid le plus populaire de tous les temps, le modèle K45, demeure encore aujourd'hui un membre important de la gamme.

Les couleurs blé et avocat sont ajoutées à la liste des couleurs régulières des batteurs sur socle.

KitchenAid propose une gamme complète de gros appareils pour la cuisine en ajoutant un réfrigérateur à sa gamme toujours grandissante de produits.

Les mélangeurs KitchenAid rejoignent les rangs des appareils KitchenAid portatifs.

l'entreprise recrute le designer industriel renommé Egmont Arens et lui demande de concevoir trois nouveaux modèles de batteurs sur socle plus abordables. Les concepts d'Arens sont si simples et fonctionnels qu'ils demeurent à ce jour presque inchangés.

Vers la fin des années 1930, la demande pour des batteurs sur socle KitchenAid est si grande que l'ensemble de la production est vendu avant Noël chaque année. Pourtant, en 1941, les effets de la guerre se font à nouveau sentir et l'usine limite sa production de batteurs pour se concentrer sur la fabrication de munitions. La production régulière reprend en 1946. Pour augmenter ses capacités de fabrication, KitchenAid déménage alors à Greenville, en Ohio. C'est à cet endroit que les dévoués employés de KitchenAid continuent de produire, encore aujourd'hui, les batteurs sur socle qui ont fait sa réputation.

Depuis 1919, la marque KitchenAid apporte commodité et ingéniosité dans les cuisines partout dans le monde. Pionnière de l'action planétaire intégrée à ses batteurs il y a plus de 90 ans, offerts dans des couleurs

CALENDRIER HISTORIQUE DES APPAREILS KITCHENAID

1993

Des modèles de robots culinaires sont ajoutés à la gamme de produits.

1994

KitchenAid annonce la construction d'une nouvelle usine de 185 000 pieds carrés (56 400 mètres carrés) à Greenville, en Ohio.
KitchenAid amorce la mise en marché d'appareils de comptoir dans des couleurs vives agencées, par exemple le rouge empire et le bleu cobalt.

1998

KitchenAid annonce la mise en marché de la série Architect® proposant des appareils en acier inoxydable, dont le premier lave-vaisselle au revêtement extérieur en acier inoxydable. Avec des caractéristiques inspirées et crées pour les gens qui aiment cuisiner et recevoir, les appareils se complémentent les uns les autres par leur design, dans le but de créer un ensemble de cuisine complet.

1999

KitchenAid se concentre sur ses gammes pour cuisiniers amateurs et lance une gamme de batterie de cuisine, plats pour la cuisson, coutellerie, textiles de cuisine, etc.

2000

Afin de développer encore davantage sa gamme de robots culinaires de qualité supérieure, KitchenAid met en marché un nouveau robot culinaire à trois bols, d'une capacité de 2,75 litres, agrémenté d'un presse-agrumes.
Le nouveau batteur sur socle Professional 6™ est mis en marché. Il propose une plus grande capacité, afin de donner aux cuisiniers amateurs la possibilité de mélanger simultanément de la pâte pour créer des miches de pain, des gâteaux et des biscuits.

2001

KitchenAid annonce la mise en marché de lave-vaisselle entièrement intégrés avec commandes dissimulées et un choix de couleur, d'acier inoxydable ou de portes à panneaux personnalisés.
Cook for the Cure®, un partenariat entre KitchenAid et Susan G. Komen for the Cure est né. Initialement, des sommes furent amassées pour la recherche et l'éducation sur le cancer du sein grâce à la vente du batteur sur socle rose, puis éventuellement, par l'entremise d'initiatives philanthropiques.

originales comme le rose pétale, le jaune ensoleillé et plusieurs autres depuis 1955, KitchenAid propose encore aujourd'hui des produits à l'avant-garde des tendances culinaires. Aujourd'hui, l'héritage de KitchenAid s'étend non seulement à ses batteurs sur socle multifonctionnels et à leurs accessoires, mais aussi à une gamme complète d'appareils pour la cuisine, de gadgets et d'ustensiles, de batteries de cuisine, de plats pour la cuisson, de coutellerie et de tissus de cuisine vendus partout dans le monde. Tous les produits de marque KitchenAid, qu'ils soient achetés à Paris ou à Peiroa, portent la même garantie de solidité, de fiabilité, de polyvalence, et sont tous endossés par plus de 90 années de qualité et d'excellence.

2002

En collaboration avec l'International Association of Culinary Professionals (IACP) et soutenue par des notoriétés du monde culinaire, dont la défunte Julia Child, KitchenAid fait partie des membres fondateurs d'Endangered Treasures, un programme consacré à la préservation et à la restauration de livres de cuisine, de menus et d'autres publications historiques.

2003

Les fours à convection sont ajoutés à la gamme de produits de cuisson.

2004

Le lave-vaisselle-évier Briva® de KitchenAid est disponible pour les maisons dont les armoires de cuisine sont de format standard. KitchenAid propose un lave-vaisselle à deux tiroirs capable de laver simultanément deux charges de vaisselle à des réglages de cycle complètement différents.

2005

KitchenAid présente la première cuisinière de format régulier avec cuisson assistée par la vapeur.

2007

Évolution de la première génération d'appareils vendus avec succès sous forme de collection, la série Architect® II est mise en marché.

2009

À ce jour, KitchenAid a amassé plus de six millions de dollars pour l'organisme Susan G. Komen for the Cure, grâce à une variété de programmes Cook for the Cure, dont : la vente de ses produits roses à édition limitée pour lesquels un don est fait pour chaque produit vendu et enregistré ; des encans lors d'événements culinaires commandités par KitchenAid ; la formation de gens capables d'organiser des réceptions maison afin d'amasser des sommes pour contribuer au combat contre le cancer du sein.

COOK FOR THE CURE
PRESENTED BY KitchenAid

Glossaire des termes de cuisine

Abaisser : Aplatir la pâte en une couche d'épaisseur uniforme, à l'aide d'un rouleau à pâte. Pour abaisser une pâte à pâtisserie ou à biscuit, placez la pâte — qui devrait avoir la forme d'un disque — sur une surface enfarinée, comme un comptoir, un linge à pâtisserie ou une grande planche à découper. Enfariner légèrement les mains, ainsi que le rouleau à pâte. Placer le rouleau à pâte au centre de la pâte. À l'aide de plusieurs petits coups, rouler le rouleau à pâte en l'éloignant de soi, du centre vers l'extrémité de la pâte. Retourner un quart de la pâte et rouler à nouveau du centre vers l'extrémité. Répéter ce processus jusqu'à ce que la pâte atteigne l'épaisseur désirée. Si la pâte devient collante, l'enfariner, ainsi que le rouleau à pâte. Si la pâte colle à la surface, replier délicatement la pâte sur elle-même et enfariner la surface sous la pâte.

Al Dente : la traduction littérale de cette expression italienne est « à la dent ». Elle indique un degré de cuisson des pâtes. Les pâtes *al dente* sont légèrement fermes et plus difficiles à mastiquer. Elles ne sont pas molles.

Arroser : Appliquer un liquide, à l'aide d'un pinceau, d'une cuillère ou en le versant, habituellement sur la viande ou la volaille, pendant qu'elle cuit. Arroser un aliment permet de préserver sa moiteur, d'ajouter des saveurs et de lui donner une apparence encore plus attrayante. Le beurre fondu, le jus de cuisson, le bouillon ou une combinaison de ces ingrédients est souvent utilisé. Parfois, des assaisonnements ou des aromatisants sont ajoutés.

Badigeonner : Technique permettant d'appliquer un liquide, par exemple un beurre fondu, une sauce barbecue ou une dorure sur la surface d'un aliment avant ou pendant la cuisson, à l'aide d'un pinceau. Badigeonner sert le même objectif que l'arrosage : préserver l'humidité, ajouter des saveurs et donner aux aliments une apparence encore plus attrayante.

Battre : La technique selon laquelle on remue ou mixe vigoureusement. On bat pour introduire de l'air dans les blancs d'œufs, dans les jaunes d'œufs et dans la crème fouettée, par exemple, ou pour mélanger deux ingrédients ou plus ensemble dans le but de former un mélange homogène, ou encore pour créer un mélange plus uniforme, léger et crémeux. On peut battre des aliments avec différents instruments, dont une cuillère, une fourchette, un fouet, un batteur à œufs rotatif ou un mélangeur électrique.

Blanchir : Cuire brièvement des aliments, dans la plupart des cas des légumes, dans l'eau bouillante, puis rapidement les refroidir dans l'eau froide. On fait blanchir les aliments pour une ou plusieurs raisons : Pour détacher la peau et l'enlever (tomates, pêches, amandes) ; pour rehausser leur couleur et réduire leur amertume (légumes crus en crudités) ; et pour augmenter leur durée de vie (légumes crus pour congélation).

Bouillir : Faire bouillir ou amener à ébullition, c'est faire chauffer un liquide jusqu'à ce que des bulles éclatent à la surface. Lorsqu'on fait bouillir, on fait cuire des aliments dans l'eau bouillante. Lorsqu'on parle d'ébullition complète, les bulles éclatent sans arrêt en surface et il est impossible de remuer pour les éliminer.

Braiser : Une méthode de cuisson à la chaleur humide utilisée pour attendrir les coupes de viande plus coriaces et les légumes fibreux. On fait d'abord dorer l'aliment dans le gras, pour ensuite le laisser mijoter doucement dans une petite quantité de liquide, dans une poêle à frire recouverte, jusqu'à tendreté. Il est possible de faire braiser des aliments sur la cuisinière ou au four. On ajoute souvent au liquide – par exemple l'eau, le bouillon, le vin ou la bière – des légumes finement hachés et des herbes pour ajouter de la saveur.

Broyer : Réduire un aliment, par exemple des craquelins, en petites particules à l'aide d'un rouleau à pâte ou d'un mortier et d'un pilon. Un robot culinaire ou un mélangeur peut aussi très bien faire l'affaire. Les fruits peuvent être broyés pour en extraire le jus. L'ail est parfois écrasé à l'aide du côté plat d'une lame de couteau pour en libérer la saveur.

Caraméliser : Technique selon laquelle on fait cuire du sucre, habituellement avec une petite quantité d'eau, à une température très élevée (entre 310 et 360 °F ou entre 155 et 180 °C) pour qu'il fonde en un liquide brun pâle et qu'il développe une saveur caractéristique. La couleur peut varier de brun doré pâle à brun foncé. Le sucre caramélisé, parfois aussi appelé caramel, est utilisé dans plusieurs dessert et sauces.

Couper en dés : Couper les aliments en petits cubes de taille uniforme. Les plus petits dés, d'environ 1/8 po (3 mm), conviennent mieux aux garnitures délicates. Le plus souvent, on coupe en dés de 1/2 po (1,25 cm). On distingue la coupe en dés du hachage fin et grossier étant donné le soin apporté à l'obtention de cubes de taille uniforme, afin de créer une présentation attrayante.

Cuire à la vapeur : Faire cuire des aliments, habituellement des légumes, dans la vapeur produite par l'eau en ébullition. L'aliment est maintenu au-dessus de l'eau, et non pas dans l'eau, dans une casserole recouverte. Ainsi, la vapeur entoure les aliments et les cuit grâce à cette chaleur intense et humide. La cuisson vapeur contribue à la conservation de la saveur, de la couleur, de la forme, de la texture, mais aussi des vitamines et minéraux contenus dans un aliment. Ce type de cuisson est souvent réalisé dans un cuiseur à vapeur, dans une marguerite ou dans un panier en bambou.

Déglacer : Technique utilisée pour récupérer les parcelles de saveur qui adhèrent au plat après qu'un aliment, habituellement une viande, a été bruni et que le surplus de gras a été égoutté. Pendant que le plat de cuisson est encore chaud, on ajoute une petite quantité de liquide (de l'eau, du vin ou du bouillon) et on remue pour décoller les petits morceaux brunis du plat. Le liquide qui résulte de cette opération est utilisé comme base de sauce ou de fond.

Dégraisser : Technique utilisée pour éliminer le gras à la surface d'un liquide, par exemple une soupe ou un bouillon. On peut dégraisser de plusieurs façons. Retirer premièrement la soupe ou le bouillon du feu et laisser reposer le temps que le gras remonte à la surface. La méthode de dégraissage la plus rapide consiste à écumer le gras à l'aide d'une grosse cuillère. Si le gras que l'on cherche à éliminer est un gras animal, on n'a qu'à laisser le liquide refroidir ; le gras animal durcira et sera facile à enlever.

Écraser : Écraser des aliments jusqu'à l'obtention d'une consistance lisse et uniforme. On écrase entre autres les pommes de terre et les bananes, pour les réduire en purée. Ce travail peut être réalisé à l'aide d'un pilon métallique ou d'un malaxeur électrique. De petites quantités d'aliments, par exemple une ou deux bananes, ou encore des œufs cuits durs, peuvent être écrasés à la fourchette. Pour obtenir de meilleurs résultats avec les pommes de terre, assurez-vous de les faire cuire suffisamment afin qu'elles soient assez molles pour créer une consistance lisse.

Émietter : Défaire un aliment en petits morceaux de taille irrégulière, Habituellement avec les doigts. Parmi les ingrédients que l'on émiette souvent, nommons le fromage bleu et le bacon. Ces aliments se vendent aussi dans le commerce en version déjà émiettée.

Enfariner : Appliquer une fine couche de farine sur un aliment ou sur un plat de cuisson ou un moule. Si on l'applique sur un aliment, la farine assèche la surface. Cette technique contribue au brunissage de l'aliment lors de la friture et empêche les aliments, comme les raisins secs, de coller ensemble. On enfarine les plats de cuisson pour que les aliments n'y collent pas et qu'on puisse les en retirer plus facilement, mais aussi pour produire des fines croûtes croustillantes. On enfarine aussi les rouleaux à pâte, les emporte-pièce et les surfaces de travail pour empêcher la pâte d'y coller.

Enrober : Recouvrir un aliment d'une couche extérieure, habituellement fine ou poudreuse, à l'aide d'ingrédients comme la farine, la chapelure, la semoule de maïs ou le sucre. Lorsqu'il est question de poulet, de filets de poisson et d'aubergines, par exemple, l'enrobage se fait avant la friture ou la cuisson et permet de créer une couche extérieure croustillante. Pour obtenir ce résultat, on commence souvent par enrober les aliments dans les œufs ou le lait, pour permettre à l'enrobage sec d'adhérer. Aussi, certains biscuits sont enrobés ou saupoudrés de sucre avant ou après la cuisson.

Évider : Retirer la structure du noyau central d'un fruit ou d'un légume. Les aliments que l'on évide le plus souvent sont les pommes, les poires, les ananas, les zucchinis et les concombres. Pour ce faire, on coupe d'abord l'aliment en quartiers, puis on l'évide à l'aide d'un petit couteau. L'évidoir est un outil spécialement conçu à cette fin. Il en existe des petits pour les pommes et les poires, par exemple, et des plus gros pour des fruits comme l'ananas.

Floconner : Séparer ou briser un aliment en petites couches ou morceaux à l'aide d'un ustensile, par exemple une fourchette. Par exemple, on émiette les filets de poisson cuits pour les ajouter à une salade.

Fouetter : Battre des ingrédients, par exemple des blancs d'œufs et de la crème fouettée, à l'aide d'un fouet de métal ou d'un malaxeur électrique, afin d'y incorporer de l'air et d'augmenter leur volume. Résultat : une texture légère et moelleuse. Si on n'a pas de fouet, utiliser une cuillère de bois si le but est de mélanger des ingrédients ou encore un malaxeur électrique, en l'absence de fouet.

Frire : Faire cuire les aliments dans une matière grasse très chaude, habituellement dans l'huile. La bonne température de la matière grasse est essentielle à la réussite de ce type de cuisson. La température idéale produit un extérieur croustillant et un intérieur parfaitement cuit qui n'a pas perdu sa moiteur ; une température trop élevée brûlera l'aliment, alors qu'une température trop basse lui fera absorber une trop grande quantité de gras. Un thermomètre pour grande friture est essentiel afin de déterminer la température de la matière grasse utilisée. Les aliments cuits par grande friture sont immergés dans le gras bouillant ou flottent à sa surface dans une casserole à fond épais ou dans une marmite. Des friteuses électriques équipées de paniers métalliques sont aussi offertes sur le marché. La friture à la poêle est possible, dans une poêle à frire, avec une petite quantité de gras qui ne recouvre pas l'aliment.

Griller : Faire brunir les aliments à l'aide d'une chaleur sèche ou à une distance mesurée de la chaleur directe. Les produits panifiés, les noix, les grains et la noix de coco sont souvent grillés. On peut griller à l'aide d'un grille-pain, d'un petit four, au four, à l'aide d'une poêle à frire ou sous le gril. Le grillage au barbecue est un autre moyen. Le but du grillage est de faire dorer l'extérieur sans trop cuire l'intérieur. Habituellement, plus l'aliment est mince, plus il devrait être placé près de la source de chaleur.

Hacher finement : Couper des aliments en très petits morceaux irréguliers. Les aliments hachés finement sont plus petits que les aliments hachés grossièrement. Les assaisonnements savoureux, comme l'ail et les herbes fraîches, sont souvent hachés finement afin de répartir leur saveur plus uniformément dans un plat.

Hacher grossièrement : Hacher grossièrement consiste à couper des aliments en morceaux de forme irrégulière. Même si le terme ne désigne pas une taille précise, la plupart des chefs considèrent que lorsqu'on hache grossièrement des aliments, ceux-ci doivent se retrouver en morceaux d'environ 1/4 po (6 mm). Les aliments grossièrement hachés sont en plus gros morceaux que les aliments hachés finement, et de formes plus irrégulières que les aliments coupés en dés. Les instructions d'une recette précisent souvent si les ingrédients doivent être hachés finement ou grossièrement.

Incorporer : Combiner une matière grasse solide refroidie, par exemple du shortening ou du beurre, à des ingrédients secs comme de la farine, pour obtenir un mélange sous forme de petits morceaux de texture grossière. Pour ce faire, on peut utiliser deux couteaux de cuisine, les doigts ou un coupe-pâte. Si vous utilisez un robot culinaire, prenez soin de ne pas mixer trop longtemps les ingrédients. On utilise cette technique pour préparer des biscuits, des scones, de la pâte à tarte, etc.

Les ingrédients peuvent être mélangés ensemble à l'aide d'un mélangeur ou d'un malaxeur électrique, ou à la main à l'aide d'une cuillère en bois ou d'un fouet métallique.

Mélanger : Processus consistant à mixer ensemble plusieurs liquides ou ingrédients secs afin de former un mélange uniforme.

Mijoter : Faire cuire un liquide ou un aliment à feu bas, juste sous le point d'ébullition. Lorsqu'un plat mijote, de petites bulles montent lentement jusqu'à sa surface.

Parsemer : On parsème souvent de beurre, c'est-à-dire qu'on coupe du beurre en petits morceaux et qu'on les parsème sur l'aliment. Cette technique permet de faire fondre le beurre uniformément, Mais aussi de garder les aliments humides, d'ajouter une certaine richesse et de favoriser le brunissage.

Passer : Verser un liquide par les petits trous d'une passoire afin d'en éliminer les grumeaux ou les particules indésirables.

Pétrir : Manipuler la pâte à pain de façon à provoquer le développement de la protéine contenue dans la farine, appelée gluten, qui garantira la structure du produit fini. Pétrir permet aussi de mieux combiner les ingrédients de la pâte. La pâte à biscuit doit être légèrement pétrie — seulement dix fois environ — alors que les pâtes à base de levure doivent être vigoureusement pétries pendant plusieurs minutes.

Plier : Technique permettant de combiner deux ingrédients ou mélanges, dont l'un est habituellement aéré (par exemple une crème fouettée ou des blancs d'œufs). Dans ce cas, il est préférable de déposer le mélange aéré sur l'autre et, à l'aide d'une spatule de caoutchouc, de l'incorporer rapidement mais délicatement, en partant du fond vers le dessus pour retourner les ingrédients, dans un mouvement rotatif. On fait tourner le bol d'un quart de tour à chaque mouvement de spatule et on répète le processus jusqu'à ce que les mélanges soient combinés avec aussi peu de perte de volume que possible. Il faut cependant prendre soin de ne pas remuer, de ne pas battre ou de ne pas trop mélanger. Des morceaux de fruits, des chips ou des noix peuvent être incorporés à un mélange aéré grâce à la même technique.

Râper : Créer de très petites particules d'aliments fermes comme les carottes, l'écorce de citron ou le parmesan, en frottant l'aliment le long d'une surface rugueuse dotée de petites saillies coupantes, habituellement une râpe métallique. Les aliments peuvent aussi être râpés au robot culinaire à l'aide d'une lame spéciale.

Réduire en purée : Écraser ou passer un aliment mou ou bien cuit jusqu'à l'obtention d'une consistance lisse, à l'aide d'un robot culinaire, d'un tamis ou d'une passoire, d'un mélangeur ou d'un moulin. Pour obtenir de meilleurs résultats, l'aliment doit être naturellement mou, comme c'est le cas des framboises ou des poires mûres, ou cuit jusqu'à tendreté. Les aliments réduits en purée sont utilisés comme sauces et comme ingrédients pour composer d'autres plats sucrés ou savoureux.

Réduire : Faire bouillir un liquide, habituellement une sauce, jusqu'à ce que son volume ait diminué par évaporation. Ainsi, on obtient une saveur plus intense et une consistance plus épaisse. Règle générale, les sauces réduites atteignent un tiers à la moitié de leur volume original. Utilisez une casserole à fond large pour raccourcir le temps de préparation. Le produit réduit est aussi appelé une réduction. Puisque la saveur de tout assaisonnement utilisé devient aussi plus concentrée au fur et à mesure que la sauce est réduite, il est préférable d'assaisonner la sauce après l'avoir fait réduire.

Refroidir : Technique visant à refroidir les aliments, habituellement au réfrigérateur ou sur de la glace, à une température pouvant varier entre 35 °F et 40 °F (1 à 4 °C). On peut devoir refroidir une recette quelques heures, mais parfois aussi jusqu'au lendemain. Pour refroidir une importante quantité d'un mélange chaud comme une soupe ou un chili, séparer le mélange dans plusieurs contenants ; le refroidissement sera ainsi plus rapide. Pour refroidir de petites quantités d'aliments chauds, déposer les aliments dans un bol ou dans une casserole, sur un contenant de glace concassée ou d'eau glacée, ou refroidir au congélateur de 20 à 30 minutes.

Rôtir : Au four, dans un plat à découvert, on peut rôtir une volaille ou de grosses coupes tendres de viande. Rôtir les légumes intensifie la saveur de leurs sucs. Les légumes, comme les oignons et les carottes, peuvent être rôtis avec la viande. Plusieurs légumes peuvent être rôtis et servis comme accompagnement, ou être utilisés comme ingrédients pour d'autres plats. Rôtir produit un extérieur joliment bruni et un intérieur ayant conservé toute sa moiteur.

Saupoudrer : Technique utilisée pour enrober légèrement un aliment, avant ou après la cuisson, à l'aide d'un ingrédient sous forme de poudre comme de la farine ou du sucre à glacer. L'ingrédient peut être saupoudré à l'aide des doigts ou d'une petite passoire qu'on secoue au-dessus de ce qu'on souhaite saupoudrer. Il arrive qu'on saupoudre un plat de cuisson de farine avant de le remplir. Dans ce cas, on parle d'enfariner.

Sauter : Technique permettant le brunissage ou la cuisson rapide d'aliments dans une petite quantité de gras, dans une poêle à frire ou une sauteuse. Les aliments sont ainsi continuellement mélangés ou retournés, pour les empêcher de coller ou de brûler. Les meilleurs candidats pour les sautés sont les coupes de viande minces et tendres — par exemple les steaks, côtelettes d'agneau, filets de porc tranchés, poitrines de poulet amincies et filets de poisson. L'objectif est de faire brunir l'extérieur des aliments en pas plus de temps qu'il n'en faut pour faire cuire l'intérieur. Pour ce faire, le feu doit être réglé à une intensité moyenne-élevée. L'huile supporte sans problème la chaleur intense nécessaire aux sautés. Pour plus de saveur, il est possible d'ajouter un peu de beurre à l'huile. Par ailleurs, ne pas utiliser que du beurre puisque celui-ci brûlera avant que les aliments brunissent.

Tamiser : Passer un ingrédient sec, par exemple de la farine ou du sucre en poudre, au travers des fines mailles d'un tamis ou d'une tamiseuse afin de briser les grumeaux et de rendre sa texture plus légère. Le tamisage fabrique des produits de boulangerie plus légers et des glaçages plus lisses. La plupart des farines tout usage sont préalablement tamisées, ce qui n'empêche pas beaucoup de cuisiniers de la tamiser à nouveau pour obtenir une texture plus légère et fine. La farine utilisée pour faire un gâteau est normalement tamisée avant usage. Déposer l'ingrédient dans le tamis, à l'aide d'une cuillère, et le pousser au travers des mailles à l'aide d'une cuillère en métal ou d'une spatule en caoutchouc.

Trancher finement : Couper des aliments en fines languettes ou en fins morceaux. Le basilic et l'ail sont souvent tranchés finement.

Makis végétariens *(recette en page 18)*

Hors-d'œuvre

Que vous cuisiniez pour une entreprise ou que vous souhaitiez ajouter une touche d'élégance à un repas familial, vous constaterez que cette série de hors-d'œuvre est étonnamment simple à réaliser, en plus d'inspirer vos papilles gustatives.

Des sushis aux samosas et des choux farcis aux crostinis, toutes ces petites bouchées sont un prélude parfait à une expérience culinaire divine.

Makis végétariens

(photo à la page 16)

- 4 à 6 feuilles de nori grillé (feuilles d'algues noires)
- 1 c. à thé (5 ml) de wasabi ou de moutarde préparée
- 1½ tasse (375 ml) de riz à sushi cuit* (recette plus bas)
- 1 avocat mûr finement tranché
- 4 fines lanières de concombre pelé
- 1 poignée de feuilles d'épinards finement tranchées
- ½ tasse (125 ml) de carottes vapeur finement tranchées
- 4 c. à thé (20 ml) de graines de sésame grillées
- 12 fines tranches de gingembre mariné
- 1 à 2 c. à soupe (15 à 30 ml) de sauce soja

** On trouve presque partout le riz à sushi. Pour créer des makis dont la texture est plus moelleuse, substituer le riz blanc par du riz brun.*

Donne 4 à 6 rouleaux

1 Déposer 1 feuille de nori sur un plan de travail. Recouvrir le tiers inférieur de la feuille d'une fine couche de wasabi. Étendre environ ⅓ tasse (75 ml) de riz sur le wasabi, en laissant un pouce (2,5 cm) du rebord inférieur non couvert. Répartir un quart de chacun des autres ingrédients sur le riz.

2 Mouiller les deux majeurs avec de l'eau. Humecter le rebord supérieur de la feuille de nori. Soulever le rebord inférieur et l'appliquer sur le riz, puis rouler comme on le ferait pour créer un roulé à la confiture, jusqu'à ce que le rouleau soit complet. Appuyer délicatement pour faire adhérer la feuille d'algue. Ranger au froid pendant 6 heures.

3 Couper les rouleaux en tranches d'environ 1 po (2,5 cm), en rinçant le couteau à l'eau chaude dès qu'il devient collant. Déposer les rouleaux ainsi coupés sur un plateau, côté coupé vers le haut. Servir avec du gingembre mariné et de la sauce soja.

Riz à sushi

Donne 2 tasses

- **1¾ tasse (425 ml) d'eau**
- **½ c. à thé (2 ml) de sel**
- **1 tasse (250 ml) de riz à sushi ou de riz brun à grains courts**
- **⅓ tasse (75 ml) de vinaigre de riz**
- **1 c. à soupe (15 ml) de sucre**
- **1 c. à thé (5 ml) de sel**

Dans une petite casserole, amener l'eau et le sel à ébullition. Ajouter le riz ; remuer, puis laisser cuire à feu doux. Laisser mijoter, à couvert, pendant 40 minutes pour du riz brun et 20 minutes pour du riz à sushi.

Retirer du feu et laisser reposer pendant 5 minutes.

Retirer le riz de la casserole et laisser refroidir légèrement.

Pendant qu'il est encore chaud, le mélanger avec le vinaigre, le sucre et le sel. Mélanger délicatement.

Bouchées panini Margarita

- 1 pain (16 oz/450 g) ciabatta ou pain italien coûté coupé en 16 tranches (½ po ou 1,25 cm)
- 8 c. à thé (40 ml) de pesto (voir la recette à la page 195)
- 16 feuilles de basilic frais
- 8 tranches de mozzarella
- 24 fines tranches de tomates italiennes (environ 2 grosses tomates)
- Huile d'olive

Donne 32 bouchées panini

1 Étendre 1 c. à thé (5 ml) de pesto sur 8 tranches de pain. Garnir chaque tranche de 2 feuilles de basilic, 1 tranche de mozzarella et 3 tranches de tomate. Recouvrir des 8 autres tranches de pain.

2 Badigeonner légèrement d'huile d'olive les deux côtés des sandwichs. Faire griller les sandwichs sur la cuisinière, dans une poêle à fond cannelé, sur un gril d'intérieur ou dans une poêle à frire jusqu'à ce qu'ils soient légèrement brunis.

3 Couper chaque sandwich en 4 morceaux. Servir chaud.

Brochettes barbecue à l'asiatique

- 2 lb (900 g) de cuisses de poulet, désossées sans peau
- ½ tasse (125 ml) de sauce soja
- ⅓ tasse (75 ml) de cassonade bien tassée
- 2 c. à soupe (30 ml) d'huile de sésame
- 3 gousses d'ail, finement hachées
- ½ tasse (125 ml) d'oignons verts, finement tranchés
- 1 c. à soupe (15 ml) de graines de sésame, grillées (facultatif)

Donne 4 à 6 portions

1 Couper chaque cuisse en 4 morceaux d'environ 1½ po (4 cm) d'épaisseur. Enfiler les morceaux de poulet sur des brochettes de bois de 7 po (18 cm), en repliant, au besoin, les morceaux trop minces. Déposer les brochettes dans une mijoteuse de 7 pintes (8 litres), aussi à plat que possible.

2 Mélanger, dans un petit bol, la sauce soja, la cassonade, l'huile et l'ail. Réserver ⅓ tasse (75 ml) de sauce. Verser le reste de la sauce sur les brochettes. Couvrir ; cuire à BASSE température pendant 2 heures. Retourner les brochettes et cuire 1 heure de plus.

3 Déposer les brochettes sur un plateau de service. Jeter le liquide de cuisson. Verser la sauce réservée sur les brochettes et saupoudrer de tranches d'oignon vert et de graines de sésame, si désiré.

Figues enrobées de prosciutto, avec sauce à l'orange et au miel

- 16 figues variété Mission séchées
- 8 tranches de prosciutto
- 6 c. à soupe (90 ml) de jus d'orange
- 1 c. à soupe (15 ml) de miel
- 2 c. à thé (10 ml) de jus de citron, fraîchement pressé
- Flocons de piment rouge
- Sel (facultatif)

Donne 8 portions

1 Déposer les figues dans une petite casserole ; recouvrir d'eau. Porter à ébullition à feu moyen-élevé. Baisser le feu ; couvrir et laisser mijoter pendant 8 minutes ou jusqu'à ce que les figues soient ramollies. Égoutter et réserver pour refroidir.

2 Pendant ce temps, couper les tranches de prosciutto dans le sens de la longueur. Enrouler une lanière de prosciutto autour de chaque figue ; fixer à l'aide d'un cure-dents. Disposer sur un plat de service.

3 Dans une petite casserole, mélanger le jus d'orange, le miel, le jus de citron, les flocons de piment rouge et le sel, si utilisé. Porter à ébullition à feu moyen-élevé. Cuire pendant 2 minutes ou jusqu'à ce que le mélange soit sirupeux et qu'il ait réduit de moitié. Napper les figues de sauce ou servir en accompagnement pour faire trempette.

Brochettes barbecue à l'asiatique

Arancini

4 portions de risotto à la milanaise (recette ci-dessous)
12 tranches (½ po ou 1,25 cm) de mozzarella, fraîche
12 tranches (½ po ou 1,25 cm) de parmesan reggiano, frais
12 cubes (¼ po ou ½ cm) de jambon
3 blancs d'œuf, battus
1½ tasse (375 ml) de chapelure italienne
2 tasses (500 ml) d'huile de canola

ASTUCE

Arancini, qui signifie « petite orange » en italien, est un plat de boulettes de riz frites très populaire en Sicile. Les arancini sont souvent remplies de fromage ou de viande. Elles sont un hors-d'œuvre idéal pour les cocktails ou les repas des Fêtes.

Donne 12 petits arancini

1 Préparer une recette de risotto à la milanaise. Étendre sur un plateau ou sur une plaque pour qu'il refroidisse.

2 Déposer 2 c. à soupe (30 ml) de risotto refroidi dans la paume de votre main. Aplatir le risotto pour former un disque de 3 x 3 po (7,5 x 7,5 cm). Déposer 1 morceau de mozzarella, un de parmesan et un cube de jambon au centre de chaque disque.

3 Former une boule à partir du disque. Comprimer pour bien faire adhérer le riz. Rouler la boulette entre les paumes pour atteindre plus ou moins la taille d'un gros œuf. Tremper la boulette dans la chapelure, puis dans le blanc d'œuf et à nouveau dans la chapelure. Déposer sur la plaque. Répéter jusqu'à ce que tout le risotto ait été utilisé.

4 Réfrigérer la plaque et laisser refroidir au moins 1 heure ou toute la nuit, recouverte d'une pellicule plastique.

5 Faire chauffer l'huile à 360 °F (180 °C), dans une grande poêle à grande friture. Déposer toutes les boulettes de riz dans l'huile chaude. Faire frire jusqu'à ce qu'elles deviennent brun doré, soit environ 1 minute de chaque côté. Sortir les boulettes à l'aide d'une cuillère à rainures et déposer sur une grille. Servir chaud.

Risotto à la milanaise

Donne 4 portions

2 c. à soupe (30 ml) d'huile d'olive
2 c. à soupe (30 ml) de beurre
1 échalote, finement hachée
¼ tasse (60 ml) de vin blanc
1 grosse pincée de pistils de safran, réduits en poudre au mortier
1 tasse (250 ml) de riz arborio
4 tasses (1 l) de bouillon de poulet ou de légumes, chauffé sans atteindre le point d'ébullition
¼ tasse (60 ml) de parmesan, râpé
Poivre noir

Chauffer l'huile dans une casserole profonde, à feu moyen-élevé ; ajouter le beurre. Une fois le beurre fondu, ajouter l'échalote. Cuire en remuant de 30 à 45 secondes ou jusqu'à ce que l'échalote commence à dorer.

Ajouter le vin ; remuer sans arrêt jusqu'à ce que le vin s'évapore. Ajouter le safran et bien mélanger.

Ajouter le riz arborio ; remuer jusqu'à ce que le riz soit complètement enduit du mélange huile d'olive/beurre. Cuire de 1 à 2 minutes ou jusqu'à ce que le riz commence à devenir translucide par endroits.

Régler le feu à intensité moyenne-basse et ajouter ½ tasse (125 ml) de bouillon chaud en remuant continuellement jusqu'à ce que le riz l'ait complètement absorbé.

Ajouter une autre ½ tasse (125 ml) de bouillon ; remuer continuellement, jusqu'à ce qu'il soit absorbé. Répéter jusqu'à ce que tout le bouillon ait été utilisé. Ajoutez le fromage et le poivre au goût.

Pakoras

- 4 tasses (1 l) d'huile de canola
- 1 1/2 tasse (375 ml) de besan (recette plus bas)
- 1 c. à thé (5 ml) de bicarbonate de sodium
- 2 c. à thé (10 ml) de sel
- 1/2 c. à thé (2 ml) de curcuma
- 1/2 c. à thé (2 ml) de poudre de chili
- 1/4 c. à thé (1 ml) de poudre d'ail
- 1/2 tasse (125 ml) d'eau mélangée à 1/4 tasse (60 ml) de yogourt
- 1 grosse courgette, équeutée et tranchée en rondelles de 1/4 po (5 mm)
- 1 patate douce moyenne, tranchée en rondelles de 1/4 po (5 mm) d'épaisseur
- 1/2 petite courge musquée, pelée, épépinée et tranchée en morceaux de 1/4 po (5 mm) d'épaisseur
- 1 petite aubergine asiatique, équeutée et tranchée en rondelles de 1/4 po (5 mm)
- 1/4 tasse (60 ml) d'eau
- Sauce tamari (voir la recette à la page 27)

Donne 4 à 6 portions

1 Dans une casserole profonde, faire chauffer l'huile jusqu'à ce qu'elle atteigne une température de 350 °F (180 °C). Pendant ce temps, dans un bol, mélanger au malaxeur électrique le besan, le bicarbonate de sodium, le sel, le curcuma, la poudre de chili et la poudre d'ail jusqu'à ce qu'ils soient bien combinés, soit de 5 à 10 secondes. Ajoutez une assez grande quantité du mélange eau/yogourt pour créer une pâte épaisse semblable à une pâte à crêpes ; remuer pour combiner.

2 Déposer les tranches de légumes dans un bol allant au four à micro-ondes rempli d'eau. Recouvrir d'une pellicule plastique ; chauffer au four à micro-ondes à puissance élevée pendant 2 minutes. Sortir du four à micro-ondes ; laisser refroidir. Bien égoutter l'eau et tamponner les légumes avec du papier essuie-tout pour les assécher.

3 Tremper les tranches de légumes dans la pâte et bien les enrober. Déposer délicatement dans l'huile. Faire frire jusqu'à ce qu'elles deviennent brun doré, soit environ 30 secondes de chaque côté.

4 Retirer les légumes et les déposer sur une grille. Servir chaud avec la sauce tamari.

Besan

- 1 lb (450 g) de pois chiches séchés

Préchauffer le four à 350 °F (180 °C). Disposer les pois chiches sur une plaque et les faire cuire jusqu'à ce qu'ils deviennent brun doré, soit de 5 à 10 minutes. Autrement, on peut aussi déposer les pois chiches dans une grande poêle à frire, sur la cuisinière, et les faire cuire à feu moyen. Cuire en remuant souvent jusqu'à ce qu'ils deviennent brun doré, soit de 5 à 7 minutes.

Retirer du feu et laisser refroidir complètement. Passer au robot culinaire avec la lame de métal. Travailler en pulsant jusqu'à la formation d'une farine grossière.

Ensuite, réduire en continu jusqu'à l'obtention d'une farine fine.

Samosas

- 2 1/4 tasses (560 ml) plus 3 c. à soupe (45 ml) de farine tout usage, divisée
- 1/2 c. à thé (2 ml) de sel
- 1/4 tasse (60 ml) plus 3 à 4 tasses (750 ml à 1 l) d'huile végétale, divisée
- 3/4 tasse (175 ml) d'eau chaude
- 2 grosses pommes de terre, pelées
- 1 botte d'oignons verts, parés et coupés
- 2 piments verts frais, épépinés et finement hachés (facultatif)*
- 1/2 tasse (125 ml) de coriandre, fraîche hachée
- 1 c. à thé (5 ml) de graines de cumin entières
- 2 c. à thé (10 ml) de poudre de cari
- 1/2 c. à thé (2 ml) de sel
- Sauce tamari (recette ci-contre)

** Les piments jalapeño peuvent brûler et irriter la peau ; portez des gants en caoutchouc lorsque vous manipulez les piments et ne vous touchez pas les yeux.*

Donne 16 samosas

1 Verser 2 1/4 tasses (560 ml) de farine et le sel dans le bol d'un batteur sur socle et installer le fouet du batteur. Fouetter pendant 5 secondes pour combiner. Ajouter 2 c. à soupe (30 ml) d'huile. Malaxer jusqu'à ce que le mélange ait une consistance de petites miettes de pain. Remplacer le fouet par l'élément malaxeur et ajouter 3/4 tasse (175 ml) d'eau chaude.

2 Mixer jusqu'à ce que la pâte soit uniforme, soit environ 45 secondes. Ajouter les 3 c. à soupe (45 ml) de farine qu'il reste. Mixer à basse vitesse jusqu'à l'obtention d'une consistance lisse et élastique, soit pendant environ 4 minutes. Huiler légèrement un bol de format moyen ; former une boule de pâte et la déposer dans le bol. Recouvrir d'une serviette ; laisser reposer de 30 à 40 minutes.

3 Dans une grande marmite, recouvrir les pommes de terre d'eau froide. Porter à ébullition, baisser le feu et laisser mijoter, couvert, jusqu'à tendreté, soit environ 20 minutes. Égoutter et laisser refroidir. Peler les pommes de terre et les couper en dés de 1/2 po (1,25 cm).

4 Chauffer 2 c. à soupe (30 ml) d'huile dans une grande poêle à frire. Ajouter l'oignon et faire sauter pendant 45 secondes. Ajouter les pommes de terre en dés, les piments, si utilisés, la coriandre, les graines de cumin, le cari et le sel. Bien mélanger ; cuire pendant 1 minute ou jusqu'à ce que le cari embaume. Réserver et laisser refroidir.

5 Diviser la pâte en 16 portions égales. La rouler en boules. Sur une surface enfarinée, à l'aide d'un rouleau à pâte enfariné, déposer une boule de pâte et l'aplanir en un cercle de 4 po (10 cm). Déposer 2 grosses c. à thé (10 ml) de mélange à base de pommes de terre au centre.

6 Soulever un côté de la pâte et l'amener au centre. Soulever le côté opposé en tenant compte du fait qu'il faut former un triangle, et pincer les deux côtés ensemble. Replier l'autre côté et pincer les trois côtés ensemble pour former un triangle.

7 Répéter avec les autres boules de pâte et avec le reste de la garniture. Déposer les samosas sur une plaque. Réfrigérer pendant 1 heure.

8 Dans une poêle à frire profonde au fond épais, sur feu moyen, faire chauffer 3 à 4 tasses (750 ml à 1 l) d'huile à 360 °F (185 °C). Déposer les samosas dans l'huile, quelques-uns à la fois (ramener la température de l'huile à 360 °F (185 °C entre chaque friture), faire frire jusqu'à ce qu'ils deviennent brun doré, soit environ 1 à 2 minutes par côté. Égoutter sur du papier essuie-tout. Servir chaud avec la sauce tamari.

Sauce tamari

2 c. à soupe (30 ml) de pâte de tamari*
⅓ tasse (75 ml) de sucre
2 tasses (500 ml) d'eau

Verser tous les ingrédients dans une casserole, sur un feu moyen. Porter à ébullition, puis réduire pour laisser mijoter faiblement. Laisser mijoter jusqu'à ce que le mélange ait réduit des deux tiers.

** La pâte de tamari et la sauce tamari peuvent tous deux être achetés dans le commerce, dans la plupart des grandes épiceries.*

Tartelettes aux champignons et aux oignons

- 4 oz (120 g) de fromage à la crème léger
- 3 c. à soupe (45 ml) de beurre, divisé
- 3/4 tasse (175 ml) plus 1 c. à thé (5 ml) de farine tout usage, divisée
- 8 oz (240 g) champignons frais, grossièrement hachés
- 1/2 tasse (125 ml) d'oignons verts, hachés
- 1 œuf
- 1/4 tasse (60 ml) de thym séché
- 1/2 tasse (125 ml) de fromage suisse, râpé

Donne 24 tartelettes

1 Déposer le fromage à la crème et 2 c. à soupe (30 ml) de beurre dans le grand bol d'un batteur sur socle. Actionner le mélangeur à une vitesse moyenne-basse et battre pendant environ 1 minute. Arrêter l'appareil et racler le bol. Ajouter 3/4 tasse (175 ml) de farine. Régler à basse vitesse et mixer pendant 1 minute ou jusqu'à ce que les ingrédients soient bien combinés. Créer une boule à partir du mélange. Emballer dans du papier ciré et faire refroidir pendant 1 heure. Nettoyer le bol et le batteur.

2 Diviser la pâte refroidie en 24 portions. Tapisser de petits moules à muffin avec la pâte (graisser si désiré).

3 Pendant ce temps, faire fondre la cuillère à soupe (15 ml) de beurre qu'il reste dans une poêle à frire de 10 po (25 cm) sur un feu d'intensité moyenne. Ajouter les champignons et les oignons. Cuire et mélanger jusqu'à tendreté. Retirer du feu. Laisser refroidir légèrement.

4 Verser, dans le bol du mélangeur, 1 c. à thé (5 ml) de farine, l'œuf et le thym. Actionner le mélangeur à une vitesse moyenne et battre pendant environ 30 secondes. Incorporer le fromage et le mélange à base de champignons refroidi. À l'aide d'une cuillère, répartir ce mélange dans les moules à muffin. Cuire au four à 375 °F (190 °C) de 15 à 20 minutes ou jusqu'à ce que le mélange à base d'œufs ait gonflé et ait atteint une couleur brun doré. Servir chaud.

Choux farcis

1 tasse (250 ml) d'eau
½ tasse (125 ml) de beurre
¼ c. à thé (1 ml) de sel
1 tasse (250 ml) de farine tout usage
4 œufs
Garniture au crabe et aneth, garniture au poulet et ananas, salade de crevette et garniture crémeuse à la saucisse italienne (recettes ci-dessous)

Donne 36 choux

1 Fair chauffer l'eau, le beurre et le sel dans une casserole moyenne, à feu élevé, jusqu'à ébullition complète. Baisser le feu et incorporer rapidement la farine en mixant vigoureusement jusqu'à ce que le mélange se décolle des côtés de la casserole pour former une boule.

2 Déposer le mélange dans le bol du batteur sur socle. Actionner l'appareil à basse vitesse, ajouter les œufs, un à la fois, et mixer pendant environ 30 secondes après chaque ajout. Arrêter l'appareil et racler le bol. Actionner à vitesse moyenne-basse et battre pendant 15 secondes.

3 Déposer 36 monticules de pâte sur des plaques de cuisson graissées, à 2 po (5 cm) de distance les uns des autres. Cuire au four à 400 °F (200 °C) pendant 10 minutes. Baisser le feu à 350 °F (180 °C) et cuire 25 minutes de plus. Éteindre le four. Sortir les plaques du four. Créer une petite entaille dans chaque chou. Remettre les plaques au four pendant 10 minutes, en laissant la porte du four ouverte. Laisser refroidir complètement sur des grilles.

4 Couper les choux en deux. Déposer environ 1 c. à soupe (15 ml) de garniture dans chaque chou. Servir immédiatement.

GARNITURE

Garniture au crabe et à l'aneth

Donne 2 tasses (500 ml)

2 boîtes (6,5 oz/195 g chacune) de chair de crabe, égouttée
2 branches de céleri, en morceaux de 2,5 cm (1 po)
½ petit oignon
1 c. à soupe (15 ml) de jus de citron
¼ c. à thé (1 ml) d'aneth
½ tasse (125 ml) de mayonnaise
Sel et poivre noir

Au robot culinaire, hacher le crabe, le céleri et l'oignon. Déposer le mélange dans le bol du batteur sur socle.

Ajouter le jus de citron, l'aneth, la mayonnaise, le sel et le poivre. Actionner le batteur à basse vitesse et mixer pendant 1 minute. Faire bien refroidir le mélange. Remplir les choux, comme expliqué plus haut, juste avant de servir.

Garniture au poulet et à l'ananas

Donne 2 tasses (500 ml)

2 tasses (500 ml) de poulet cuit, en cubes
2 branches de céleri, en morceaux de 2,5 cm (1 po)
1 boîte (8 oz/225 g) d'ananas, broyé et égoutté
¼ tasse (60 ml) d'amandes, effilées
½ tasse (125 ml) de mayonnaise
¼ c. à thé (1 ml) de paprika
Sel et poivre noir

Au robot culinaire, hacher le poulet et le céleri. Déposer le mélange dans le bol du batteur sur socle.

Ajouter l'ananas, les amandes, la mayonnaise, le paprika, le sel et le poivre. Actionner le batteur à basse vitesse et mixer pendant 1 minute. Faire bien refroidir le mélange. Remplir les choux, comme expliqué plus haut, juste avant de servir.

Salade de crevettes

Donne 2 tasses (500 ml)

- 2½ c. à thé (12 ml) d'assaisonnement «jerk» (recette ci-dessous)
- 8 grosses crevettes, décortiquées et déveinées, avec la queue
- 2 c. à soupe (30 ml) de mayonnaise
- ½ c. à thé (2 ml) de moutarde de Dijon
- 2 oignons verts, parés et hachés
- 1 c. à soupe (15 ml) de céleri, finement haché
- 1 c. à soupe (30 ml) de poivron rouge, finement haché
- Sel et poivre noir

Préchauffer le barbecue ou le gril. Badigeonner les crevettes de 2 c. à thé (10 ml) d'assaisonnement «jerk»; déposer les crevettes sur une grille ou une plaque de cuisson vaporisée d'aérosol de cuisson antiadhésif. Déposer au barbecue ou sous le gril. Cuire jusqu'à ce que les crevettes soient rosées et qu'elles commencent à peine à brunir.

Retirer les crevettes et les laisser complètement refroidir. Retirer les queues et les jeter. Couper les crevettes en deux, le long du dos. Couper chaque moitié en morceaux de ¼ po (5 mm).

Déposer les morceaux de crevettes dans un petit bol. Ajouter le reste de l'assaisonnement «jerk», la mayonnaise, la moutarde, l'oignon, le céleri et le poivron rouge. Ajouter le sel et le poivre au goût; bien mélanger.

Déposer une grosse cuillère à thé de salade de crevettes dans chaque chou.

Assaisonnement «jerk»

- 2 c. à soupe (30 ml) de rhum brun
- ¼ tasse (60 ml) d'eau
- ¼ tasse (60 ml) de vinaigre de malt
- 5 oignons verts, parés et hachés
- 3 gousses d'ail, hachées
- 2 c. à soupe (30 ml) de thym frais
- 1 piment de Scotch, bonnet équeuté
- 1 c. à soupe (15 ml) d'huile végétale
- 2 c. à thé (10 ml) de quatre-épices moulues
- 2 c. à thé (10 ml) de gingembre moulu
- 2 c. à thé (10 ml) de cannelle moulue
- 1 c. à thé (5 ml) de muscade moulue
- 1 c. à thé (5 ml) de gros sel
- 1 c. à thé (5 ml) de poivre noir
- 2 c. à thé (10 ml) de cassonade

Dans une petite casserole, faire bouillir le rhum et l'eau pendant 1 minute. Transvider le mélange à base de rhum dans le contenant du robot culinaire; ajouter le reste des ingrédients. Mélanger jusqu'à l'obtention d'une consistance presque lisse.

Garniture crémeuse à la saucisse italienne

Donne 2 tasses (500 ml)

- 2 c. à thé (10 ml) huile d'olive
- ½ petit oignon jaune, finement haché
- 1 petit piment vert italien, équeuté, épépiné et haché
- 2 saucisses italiennes douces (4 po/10 cm), coupées en morceaux de ¼ po (5 mm)
- 1 gousse d'ail, pressée
- 1 c. à soupe (15 ml) d'origan frais, haché
- ¼ tasse (60 ml) de bouillon de poulet ou de légumes
- ¼ tasse (60 ml) de fromage à la crème
- Sel et poivre noir

Chauffer, à feu moyen, une grande poêle à frire; ajouter l'huile. Ajouter l'oignon et le piment. Faire sauter jusqu'à ce que l'oignon soit translucide, soit environ 1 minute. Ajouter la saucisse et bien remuer; faire revenir jusqu'à ce que la saucisse soit légèrement brunie, soit environ 2 minutes.

Ajouter l'ail et l'origan; bien mélanger. Cuire pendant 30 secondes. Ajouter le bouillon et le fromage à la crème; mélanger jusqu'à ce que le fromage soit fondu, soit environ 45 secondes. Cuire pendant 1 minute de plus ou jusqu'à ce que la sauce soit épaisse et crémeuse. Ajouter le sel et le poivre au goût.

Laisser refroidir, pendant environ 5 minutes. Déposer 1 grosse cuillère à thé du mélange à la saucisse dans chaque chou.

Tiropetas

- ½ lb (225 g) de feta, égouttée et émiettée
- ⅓ paquet (3 oz/90 g) de fromage à la crème
- ½ tasse (125 ml) de fromage cottage
- ¼ tasse (60 ml) de romano, râpé
- ⅛ c. à thé (0,5 ml) de poivre noir
- Pincée de muscade moulue
- 2 œufs
- 1 lb (450 g) de pâte filo, décongelée
- 1 tasse (250 ml) de beurre, fondu

ASTUCE

Les tiropetas sont des pâtisseries grecques qui ressemblent à des millefeuilles à base de pâte filo, de fromage et d'épices. Les tiropetas sont parfaits dans le cadre d'un petit déjeuner salé ou d'un apéro.

Donne 4 douzaines de tiroperas

1 Déposer la feta, le fromage à la crème et le fromage cottage dans le bol du batteur sur socle. Actionner le mélangeur à une vitesse moyenne-basse et battre pendant environ 1 minute, jusqu'à l'obtention d'une consistance moelleuse. Arrêter l'appareil et racler le bol. Ajouter le romano, le poivre et la muscade. Régler à basse vitesse et mixer pendant 30 secondes. Arrêter l'appareil et racler le bol. Actionner l'appareil à basse vitesse, ajouter les œufs, un à la fois, et mixer pendant environ 30 secondes après chaque ajout. Régler à vitesse moyenne-basse et battre pendant 15 secondes.

2 Déposer une feuille de pâte filo sur une surface plane. Recouvrir le reste de pâte d'un linge légèrement humide. Badigeonner la feuille de pâte de beurre, garnir d'une autre feuille et badigeonner de beurre. Couper en languettes d'environ 2½ po (6 cm), dans le sens de la longueur. Déposer 1 c. à thé (5 ml) de mélange à base de fromage dans le coin inférieur d'une languette. Replier pour former un triangle et continuer de replier comme s'il s'agissait d'un drapeau. Badigeonner de beurre et déposer sur une plaque de cuisson graissée. Répéter avec le reste de pâte filo et de mélange à base de fromage. Il vous faut travailler rapidement car la pâte filo sèche rapidement. Cuire à 350 °F (180 °C) jusqu'à ce qu'ils soient brun doré, soit environ 15 à 20 minutes. Servir immédiatement.

Baba gannouj

- 2 aubergines moyennes
- 1/4 tasse (60 ml) de jus de citron, fraîchement pressé
- 1/3 tasse (75 ml) de tahini*
- 3 gousses d'ail, finement hachées
- 1/4 c. à thé (1 ml) de sel
- 1/2 c. à thé (2 ml) de cumin moulu

** Le tahini est une pâte de graines de sésame utilisée dans la cuisine méditerranéenne et moyen-orientale.*

Donne environ 2 tasses (500 ml)

1. Piquer les aubergines à plusieurs endroits à l'aide d'une fourchette. Les déposer sur une plaque et cuire à 400 °F (200 °C) de 50 à 60 minutes ou jusqu'à ce que les aubergines s'affaissent et ramollissent ; laisser refroidir à la température ambiante.

2. Couper les aubergines de la tige au bas et retirer la chair à l'aide d'une grosse cuillère. Couper les aubergines en deux, dans le sens de la longueur, et retirer les graines ; les jeter. Déposer la chair dans une grande passoire à fines mailles. Déposer la passoire dans un bol ou dans l'évier et laisser égoutter pendant environ 20 minutes.

3. Transférer les aubergines dans le bol du batteur sur socle ; ajouter le reste des ingrédients. Mixer à basse vitesse jusqu'à ce que les aubergines atteignent une consistance lisse et que l'ensemble des ingrédients soit bien mélangé. Couvrir et réfrigérer pendant 4 heures ou jusqu'au lendemain pour laisser les saveurs se marier.

Trempette au cari

- 1 tasse (250 ml) de mayonnaise
- 1/2 tasse (125 ml) de crème sure
- 1 1/2 c. à thé (7 ml) de jus de citron
- 1 c. à thé (5 ml) de sel, aromatisé
- 1 c. à thé (5 ml) de persil frais, haché
- 1 c. à thé (5 ml) d'oignon, haché
- 1/2 c. à thé (2 ml) de sauce Worcestershire
- 1/4 c. à thé (1 ml) de sel
- 1/4 c. à thé (1 ml) de poudre de cari

Donne 1 1/2 tasse (375 ml)

Déposer tous les ingrédients dans le bol du batteur sur socle. Battre à vitesse moyenne-basse pendant 1 minute. Arrêter l'appareil et racler le bol. Battre à puissance élevée pendant 30 secondes ou jusqu'à l'obtention d'une consistance crémeuse. Refroidir. Servir avec des crudités.

Crostinis aux épinards et au fromage

- 1 baguette, coupée en tranches de ½ po (1,25 cm) d'épaisseur
- 2 c. à thé (10 ml) de beurre
- ½ tasse (125 ml) d'oignons, finement hachés
- 1 gousse d'ail, finement hachée
- 1 paquet (9 oz/270 g) d'épinards, hachés surgelés, décongelés et asséchés
- 1 paquet (8 oz/225 g) de fromage à la crème léger
- ¼ tasse (60 ml) de poivrons rouges, grillés
- ½ tasse (125 ml) de cheddar, râpé

Donne 24 crostinis

1 Placer les tranches de pain sur une plaque à pâtisserie. Cuire à 375 °F (190 °C) de 4 à 6 minutes ou jusqu'à ce que le pain soit grillé. Réserver.

2 Faire fondre le beurre, à feu moyen, dans une poêle à frire de 10 po (25 cm). Ajouter l'oignon et l'ail. Cuire en remuant de 2 ou 3 minutes ou jusqu'à ce que l'oignon tombe. Ajouter les épinards. Cuire en remuant de 30 à 60 secondes ou jusqu'à ce que le mélange soit chaud. Laisser refroidir légèrement.

3 Déposer le fromage à la crème dans le bol du batteur sur socle. Régler à basse vitesse et mixer pendant environ 30 secondes. Ajouter le mélange à base d'épinards. Toujours à basse vitesse, mixer pendant environ 30 secondes de plus. Étendre le mélange aux épinards sur les tranches de baguette grillées. Garnir chacune d'environ 1 c. à thé (5 ml) de cheddar. Cuire à 375 °F (190 °C) de 5 à 8 minutes ou jusqu'à ce que le tout soit bien réchauffé et le fromage fondu. Servir chaud.

Bâtonnets au fromage

- 4 oz (120 g) de cheddar
- 4 oz (120 g) de parmesan
- ½ c. à thé (2 ml) de flocons de piment rouge
- ½ c. à thé (2 ml) d'origan séché
- 1 feuille de pâte feuilletée congelée, décongelée
- 1 blanc d'œuf
- 1 c. à soupe (15 ml) d'eau

ASTUCE

Émiettez toujours les herbes sèches avec vos doigts avant de les ajouter à une recette. Ainsi, vous contribuerez à libérer toute leur saveur.

Donne 54 bâtonnets

1 Râper le cheddar et le parmesan dans des bols séparés. Ajouter les flocons de piment rouge et l'origan au cheddar râpé et bien mélanger ; réserver.

2 Sur une planche légèrement enfarinée, rouler la pâte pour créer un rectangle d'environ 15 x 12 po (38 x 30 cm). Saupoudrer le mélange au cheddar sur la pâte et comprimer légèrement dans la pâte. Couper la pâte en 3, dans le sens de la longueur (languettes de 5 x 18 po ou 12,5 x 45 cm), puis à l'horizontale en morceaux de 1 po (2,5 cm). Torsader chaque morceau en spirale.

3 Battre le blanc d'œuf et l'eau avec une fourchette jusqu'à l'obtention d'une consistance mousseuse. Badigeonner les bâtonnets de blanc d'œuf battu et les rouler dans le parmesan. Déposer sur des plaques graissées et faire cuire à 425 °F (220 °C) de 10 à 12 minutes ou jusqu'à ce qu'elles soient dorées. Servir chaud.

Taboulé dans des bols-tomates

- 4 grosses tomates mûres (environ 8 oz/225 g) chacune
- 2 c. à soupe (30 ml) huile d'olive
- 4 oignons verts, finement tranchés
- 1 tasse (250 ml) de bulgur non cuit
- 1 tasse (250 ml) d'eau
- 2 c. à soupe (30 ml) de jus de citron
- 1 c. à soupe (15 ml) de menthe fraîche, hachée ou ½ c. à thé (2 ml) de menthe séchée
- Sel et poivre noir
- Zeste de citron et feuilles de menthe (facultatif)

Donne 8 portions

1 Couper les tomates en deux. À l'aide d'une cuillère, retirer la pulpe et les graines, les déposer dans un bol de format moyen, et ne laisser qu'une coquille de ¼ po (5 mm) d'épaisseur.

2 Retourner les tomates et les déposer dans une assiette recouverte de papier essuie-tout ; laisser égoutter pendant 20 minutes. Hacher la pulpe des tomates ; réserver.

3 À feu moyen-élevé, faire chauffer l'huile dans une casserole de format moyen. Cuire les oignons verts en remuant de 1 à 2 minutes, ou jusqu'à ce qu'ils fanent. Ajouter le bulgur et cuire de 3 à 5 minutes ou jusqu'à ce qu'il brunisse.

4 Ajouter la pulpe de tomate réservée, ¾ tasse (175 ml) d'eau, le jus de citron et la menthe au mélange à base de bulgur. Porter à ébullition à feu élevé, puis réduire à intensité moyenne-basse. Couvrir ; laisser mijoter doucement de 15 à 20 minutes ou jusqu'à ce que le liquide soit absorbé. Saler et poivrer. Remplir les coquilles de tomates du mélange.*

5 Préchauffer le four à 400 °F (200 °C). Déposer les tomates remplies de taboulé dans un plat de cuisson de 13 x 9 po (32 x 22,5 cm) ; faire cuire pendant 15 minutes ou jusqu'à ce qu'elles soient bien chaudes. Laisser refroidir et garnir de zeste de citron et de feuilles de menthe.

** Les coquilles de tomates peuvent être recouvertes et réfrigérées jusqu'à 24 heures.*

Champignons farcis à la saucisse

- 30 champignons frais de format moyen
- 1 tranche de pain blanc
- ½ lb (225 g) épaule de porc en cubes
- 1 c. à soupe (15 ml) persil frais, haché
- ¾ c. à thé (4 ml) sel
- ¼ c. à thé (1 ml) sauge séchée
- ⅛ c. à thé (0,5 ml) poivre noir
- 4 oz (120 g) mozzarella, râpée

Donne 30 champignons

1 Retirer les pieds des champignons ; réserver les capuchons. Hacher les pieds de champignons au robot culinaire ; réserver. Placer le pain au robot culinaire et mixer jusqu'à l'obtention d'une chapelure grossière ; réserver.

2 Hacher le porc au robot culinaire. Déposer le porc dans le bol du batteur sur socle. Ajouter le persil, le sel, la sauge et le poivre. Actionner le batteur à basse vitesse et mixer pendant 1 minute ou jusqu'à ce que les ingrédients soient bien combinés. Faire revenir le mélange à base de saucisse dans une poêle à frire, sur un feu moyen ; à l'aide d'une cuillère à rainures, recueillir le mélange et laisser le gras dans la poêle. Ajouter les pieds de champignons dans le gras et cuire en remuant pendant 3 minutes. Retirer du feu et réserver.

3 Combiner le fromage, les pieds de champignons, la chapelure et la saucisse dans un grand bol.

4 Remplir les capuchons de champignons du mélange à base de saucisse et de fromage. Déposer sur des plaques et cuire à 450 °F (230 °C) pendant 15 minutes. Servir chaud.

Hommous

- 1 boîte (20 oz/600 g) pois chiches, rincés et égouttés
- ¼ tasse (60 ml) eau froide
- ¼ tasse (60 ml) jus de citron fraîchement pressé
- ¼ tasse (60 ml) tahini
- 3 gousses d'ail, finement hachées
- ½ c. à thé (2 ml) sel
- ¼ c. à thé (1 ml) paprika (facultatif)

Donne 2 tasses (500 ml)

1 Passer les pois chiches au moulin et les déposer dans le bol du batteur sur socle.

2 Ajouter l'eau, le jus de citron, le tahini, l'ail, le sel et le paprika, au goût. Actionner le batteur à vitesse moyenne-basse et mixer pendant 1 minute. Arrêter l'appareil et racler le bol. Régler à vitesse élevée et mixer pendant 1 minute de plus ou jusqu'à l'obtention d'une consistance lisse.

Pain croustillant de grains entiers
(recette à la page 40)

Pains

Les novices, aussi bien que les experts, se délecteront des recettes originales qui suivent... du pain de seigle épicé de New York au riche pain challah.

Ces recettes simples, mais raffinées rendent la fabrication du pain maison aussi facile qu'agréable. Qu'elle soit garnie d'une cuillerée de beurre ou de confiture, une tranche de pain chaud et croustillant est si satisfaisante...

Pain croustillant de grains entiers

(photo à la page 38)

- 1 ½ tasse (375 ml) d'eau
- ⅓ tasse (75 ml) de miel
- 1 c. à soupe (15 ml) de sel
- 2 c. à soupe (30 ml) d'huile végétale
- 2 sachets (4 c. à thé/20 ml) de levure sèche active
- ½ tasse (125 ml) d'eau chaude (105 °F à 115 °F/40 à 45 °C) pour la levure
- 2 à 2½ tasses (500 à 625 ml) de farine de blé entier, divisée
- 1 tasse (250 ml) de farine à pain
- 1 tasse (250 ml) d'avoine à l'ancienne ou à cuisson rapide
- ½ tasse (125 ml) de graines de citrouille ou de tournesol, décortiquées
- ½ tasse (125 ml) de grains et de graines assortis
- 1 blanc d'œuf
- 1 c. à soupe (15 ml) d'eau
- Avoine à l'ancienne ou à cuisson rapide

ASTUCE

Ce pain est un moyen délicieux et sain d'utiliser vos restes de grains et de graines.

Donne 2 pains

1 Dans une casserole moyenne, chauffer l'eau, le miel, le sel et l'huile jusqu'à ce qu'ils soient chauds (115 °F à 120 °F/45 à 50 °C).

2 Dissoudre la levure dans l'eau chaude, dans le bol du batteur sur socle. Laisser reposer pendant 5 minutes. Incorporer le mélange à base de miel. Ajouter 1 tasse (250 ml) de farine de blé entier et de farine à pain. Mixer à basse vitesse pendant environ 2 minutes. Incorporer graduellement l'avoine, les graines de citrouille, les grains assortis et le reste de la farine de blé entier, ½ tasse (125 ml) à la fois, jusqu'à ce que la pâte commence à former une boule. Pétrir de 7 à 10 minutes ou jusqu'à ce que la pâte ait une consistance lisse et élastique.

3 Déposer la pâte dans un bol graissé et la retourner pour la graisser de toutes parts. Couvrir ; laisser gonfler dans un endroit chaud à l'abri des courants d'air de 1½ à 2 heures ou jusqu'à ce que la pâte ait doublé de volume.

4 Graisser 2 moules à pain de 9 x 5 po (23 x 13 cm). Écraser légèrement la boule de pâte. Diviser en deux. Former une miche avec chaque moitié ; déposer dans les moules. Couvrir ; laisser gonfler dans un endroit chaud pendant 1 heure ou jusqu'à ce que la pâte ait presque doublé de volume.

5 Faire chauffer le four à 375 °F (190 °C). Combiner le blanc d'œuf et l'eau. Badigeonner le dessus des miches de ce mélange. Saupoudrer d'avoine. Cuire de 35 à 45 minutes ou jusqu'à ce que les pains sonnent creux lorsqu'on les tape. Retirer les pains des moules et les faire refroidir sur des grilles.

Beignes à l'ancienne

- 3¾ tasses (825 ml) de farine tout usage
- 1 c. à soupe (15 ml) de levure chimique (poudre à pâte)
- 1 c. à thé (5 ml) de cannelle moulue
- ¾ c. à thé (4 ml) de sel
- ½ c. à thé (2 ml) de muscade moulue
- 3 œufs
- ¾ tasse (175 ml) de sucre granulé
- 1 tasse (250 ml) de compote de pommes
- 2 c. à soupe (30 ml) de beurre, fondu
- 2 tasses (500 ml) de sucre à glacer tamisé
- 3 c. à soupe (45 ml) de lait
- ½ c. à thé (2 ml) de vanille
- 4 tasses (1 l) d'huile végétale
- Brisures et billes décoratives (facultatif)

Donne 12 beignes et trous

1 Dans un bol moyen, combiner la farine, la levure chimique, la cannelle, le sel et la muscade. Battre les œufs dans le bol du batteur sur socle, à vitesse élevée, jusqu'à l'obtention d'une consistance mousseuse. À vitesse élevée, incorporer graduellement, le sucre granulé jusqu'à l'obtention d'une consistance épaisse et d'une couleur jaune pâle, soit environ 4 minutes. Régler à basse vitesse ; incorporer la compote de pomme et le beurre.

2 Tout en battant, incorporer la farine jusqu'à homogénéité. Diviser la pâte en deux portions égales. Placer chaque moitié sur un grand morceau de pellicule plastique. Façonner un cube de 5 po (12,5 cm) avec chaque portion de pâte ; emballer dans la pellicule plastique. Réfrigérer pendant 3 heures ou jusqu'à ce que la pâte soit bien refroidie.

3 Pour préparer le glaçage, mélanger ensemble, dans un petit bol, le sucre à glacer, le lait et la vanille jusqu'à l'obtention d'une consistance homogène. Couvrir et réserver.

4 Rouler 1 portion de pâte pour atteindre une épaisseur de ⅜ po (10 mm). Couper la pâte à l'aide d'un coupe-beigne enfariné de 3 po (7,5 cm) ; répéter jusqu'à ce qu'il n'y ait plus de pâte. Réserver les trous de beigne. Rouler les restes de pâte ; couper d'autres beignes jusqu'à ce qu'il n'y ait plus suffisamment de pâte pour la rouler à nouveau. À feu moyen, chauffer l'huile dans une marmite jusqu'à ce qu'un thermomètre à friture indique 375 °F (190 °C). Régler l'intensité du feu pour maintenir cette température.

5 Cuire les beignes et les trous de beignes par lots pendant 2 minutes ou jusqu'à ce qu'ils soient brun doré, en les retournant souvent. Les sortir de la marmite à l'aide d'une cuillère à rainure ; égoutter sur du papier essuie-tout. Étendre le glaçage sur les beignes chauds ; décorer de brisures et de billes décoratives, au goût.

Pain pumpernickel classique

- 1 tasse (250 ml) de café corsé froid*
- ½ tasse (125 ml) d'oignon, finement haché
- ½ tasse (125 ml) de mélasse
- 2 c. à soupe (30 ml) de beurre
- 1 c. à soupe (15 ml) de sel
- 2 sachets (4 c. à thé/20 ml) de levure sèche active
- ½ tasse (125 ml) d'eau chaude (105 °F à 115 °F/40 à 45 °C)
- 2½ tasses (625 ml) de farine à pain, divisée
- 1 tasse (250 ml) de farine de blé entier
- ¼ tasse (60 ml) de cacao
- 1 c. à soupe (15 ml) de graines de carvi
- 2 tasses (500 ml) de farine de seigle moyenne
- Semoule de maïs

** Utiliser du café fraîchement moulu ou des granules de café instantané préparé conformément aux instructions de l'emballage.*

Donne 2 pains

1 Dans une casserole moyenne, chauffer le café, l'oignon, la mélasse, le beurre et le sel jusqu'à ce qu'ils soient chauds (115 °F à 120 °F/45 à 50 °C).

2 Pendant ce temps, dissoudre la levure dans l'eau chaude, dans le bol du batteur sur socle. Laisser reposer pendant 5 minutes. Incorporer le mélange à base de café. Ajouter 2 tasses (500 ml) de farine à pain, la farine de blé entier, le cacao et les graines de carvi. Mixer à basse vitesse pendant environ 2 minutes. Incorporer graduellement la farine de seigle, ½ tasse (125 ml) à la fois, et ajouter suffisamment du reste de farine à pain, pour que la pâte forme une boule. Pétrir de 7 à 10 minutes ou jusqu'à ce que la pâte ait une consistance homogène et élastique.

3 Déposer la pâte dans un bol graissé et la retourner pour la graisser de toutes parts. Couvrir ; laisser gonfler dans un endroit chaud pendant 2 heures ou jusqu'à ce que la pâte ait presque doublé de volume.

4 Graisser 1 ou 2 petites plaques à biscuits. Saupoudrer de semoule de maïs. Écraser légèrement la boule de pâte. Diviser en deux. Façonner une miche ronde légèrement aplatie avec chaque moitié. Placez sur les plaques graissées. Couvrir ; laisser gonfler dans un endroit chaud pendant 1 heure ou jusqu'à ce que la pâte ait presque doublé de volume.

5 Cuire au four à 375 °F (190 °C) de 30 à 35 minutes ou jusqu'à ce que les pains sonnent creux lorsqu'on les tape. Retirer des plaques et déposer sur une grille. Badigeonner le dessus des miches de beurre, si désiré.

Pain de seigle de New York

2 tasses (500 ml) d'eau chaude (105 °F à 115 °F/40 à 45 °C)
1/3 tasse (75 ml) de cassonade foncée tassée
1 c. à soupe (15 ml) de sel
2 c. à soupe (30 ml) d'huile végétale
1 sachet (2 c. à thé/10 ml) de levure sèche active
2 1/2 tasses (625 ml) de farine à pain, divisée
1 c. à soupe (15 ml) de graines de carvi
2 tasses (500 ml) de farine de seigle
1 tasse (250 ml) de farine de blé entier
Shortening
Semoule de maïs

ASTUCE

Le pain de seigle de New York est un pain de seigle léger, habituellement de forme ronde ou oblongue. Il est délicieux avec la viande fumée ou pour créer de succulents sandwichs au fromage fondu.

Donne 2 pains

1 Dans le bol du batteur sur socle, mélanger ensemble l'eau chaude, la cassonade, le sel, l'huile et la levure, jusqu'à ce que la levure soit bien dissoute.

2 Ajouter 2 tasses (500 ml) de farine à pain. Actionner le batteur à basse vitesse et mixer pendant 2 minutes. Mélanger ou incorporer graduellement les graines de carvi, les farines de seigle et de blé, 1/2 tasse (125 ml) à la fois, et ajouter suffisamment du reste de farine à pain, pour que la pâte forme une boule. Pétrir de 7 à 10 minutes ou jusqu'à ce que la pâte ait une consistance lisse et élastique.

3 Déposer la pâte dans un bol graissé et la retourner pour la graisser de toutes parts. Couvrir ; laisser gonfler dans un endroit chaud de 1 1/2 à 2 heures ou jusqu'à ce que la pâte ait doublé de volume.

4 Graisser 1 ou 2 petites plaques à biscuits avec du shortening. Saupoudrer de semoule de maïs. Écraser légèrement la boule de pâte. Diviser en deux. Former une miche de la forme d'un ballon de football d'environ 10 po (25 cm) de longueur, avec chaque boule de pâte. Déposer les pains sur les plaques graissées. Couvrir ; laisser gonfler dans un endroit chaud à l'abri des courants d'air de 45 à 60 minutes ou jusqu'à ce que la pâte ait presque doublé de volume.

5 Chauffer le four à 375 °F (190 °C). Vaporiser ou badigeonner chaque miche d'eau froide ; saupoudrer légèrement de farine à pain. Créer 3 entailles (1/4 po ou 5 mm) sur le dessus de chaque miche, à l'aide d'un couteau dentelé.

6 Cuire de 25 à 30 minutes ou jusqu'à ce que les pains sonnent creux lorsqu'on les tape. Retirer des plaques et déposer sur une grille ; laisser refroidir.

Pâte à pizza croustillante

1 sachet (2 c. à thé/10 ml) de levure sèche active
1 tasse (250 ml) d'eau chaude (105 °F à 115 °F/40 à 45 °C)
½ c. à thé (2 ml) de sel
2 c. à thé (10 ml) d'huile d'olive
2½ à 3½ tasses (625 à 875 ml) farine tout usage, divisée
1 c. à soupe (15 ml) de semoule de maïs

Donne 4 portions (¼ pizza par portion)

1 Dissoudre la levure dans l'eau chaude, dans le bol réchauffé du batteur sur socle auquel on a fixé le crochet pétrisseur. Ajouter le sel, l'huile d'olive et 2½ tasses (625 ml) de farine. Actionner le batteur à basse vitesse et mixer pendant environ 1 minute.

2 Continuer de mixer à basse vitesse, ajouter le reste de la farine, ½ tasse (125 ml) à la fois, et mixer jusqu'à ce que la pâte colle au crochet et qu'elle se décolle des rebords du bol, soit pendant environ 2 minutes. Mixer à basse vitesse pendant environ 2 minutes de plus.

3 Placer la pâte dans un bol graissé et l'y retourner pour la graisser de toutes parts. Couvrir. Laisser gonfler dans un endroit chaud, à l'abri des coups de vent, pendant environ 1 heure ou jusqu'à ce que la pâte ait doublé de volume. Écraser légèrement la pâte.

4 Badigeonner d'huile une plaque à pizza de 14 po (35 cm). Saupoudrer de semoule de maïs. Bien étendre la pâte sur toute la surface de la plaque et former un collet tout autour du rebord pour retenir les garnitures. Ajouter les garnitures désirées. Cuire au four à 450 °F (230 °C) de 15 à 20 minutes.

Pain blanc classique

- ½ tasse (125 ml) de lait partiellement écrémé (1%)
- 3 c. à soupe (45 ml) de sucre
- 2 c. à thé (10 ml) de sel
- 3 c. à soupe (45 ml) de beurre
- 2 sachets (4 c. à thé/20 ml) de levure sèche active
- 1½ tasse (375 ml) d'eau chaude (105 °F à 115 °F/40 à 45 °C)
- 5 à 6 tasses (1,25 à 1,5 l) de farine tout usage

Donne 2 pains

1 Verser le lait, le sucre, le sel et le beurre dans une petite casserole. Faire chauffer à feu doux jusqu'à ce que le beurre fonde et que le sucre soit dissout. Laisser refroidir jusqu'à ce que le mélange soit tiède.

2 Dissoudre la levure dans l'eau chaude, dans le bol réchauffé du batteur sur socle auquel on a fixé le crochet pétrisseur. Ajouter le mélange tiède à base de lait et 4½ tasses (1,125 l) de farine. Actionner le batteur à basse vitesse et mixer pendant environ 1 minute.

3 Continuer de mixer à basse vitesse, ajouter le reste de la farine, ½ tasse (125 ml) à la fois, et mixer jusqu'à ce que la pâte colle au crochet et qu'elle se décolle des rebords du bol, soit pendant environ 2 minutes. Pétrir à basse vitesse pendant environ 2 minutes de plus ou jusqu'à ce que la pâte ait une consistance homogène et élastique. La pâte sera alors légèrement collante au toucher.

4 Placer la pâte dans un bol graissé et l'y retourner pour la graisser de toutes parts. Couvrir. Laisser gonfler dans un endroit chaud, à l'abri des courants d'air, pendant environ 1 heure ou jusqu'à ce que la pâte ait doublé de volume.

5 Écraser légèrement la pâte et la diviser en deux. Former une miche avec chaque moitié de pâte et les déposer dans des moules à pain graissés de 8½ x 4½ x 3½ po (21,25 x 11,25 x 8,75 cm). Couvrir. Laisser gonfler dans un endroit chaud, à l'abri des courants d'air, pendant environ 1 heure ou jusqu'à ce que la pâte ait doublé de volume.

6 Cuire à 400 °F (200 °C) pendant environ 30 minutes, jusqu'à ce que les pairs soient brun doré. Retirer immédiatement des moules et laisser refroidir sur des grilles métalliques.

Pain à la cannelle : Préparer la pâte ; diviser et rouler chaque moitié pour former un rectangle, comme expliqué pour le pain blanc. Dans un petit bol, mélanger ½ tasse (125 ml) de sucre et 2 c. à thé (10 ml) de cannelle. Étendre 1 c. à soupe (15 ml) de beurre ramolli sur chaque rectangle de pâte. Saupoudrer de la moitié du mélange à base de sucre. Terminer de rouler la pâte et de former les miches. Déposer les miches dans des moules à pain graissés de 8½ x 4½ x 3½ po (21,25 x 11,25 x 8,75 cm). Couvrir. Laisser gonfler dans un endroit chaud, à l'abri des courants d'air, pendant environ 1 heure ou jusqu'à ce que la pâte ait doublé de volume. Si désiré, badigeonner le dessus des pains avec du blanc d'œuf battu. Cuire de 40 à 45 minutes à 375 °F (190 °C) ou jusqu'à ce que les pains soient d'un beau brun doré. Retirer immédiatement des moules et laisser refroidir sur des grilles métalliques.

Petits pains 60 minutes : Utiliser plutôt 3 sachets de levure et 1/4 tasse (60 ml) de sucre. Mélanger et pétrir la pâte comme indiqué dans la recette de pain blanc. Placer la pâte dans un bol graissé et l'y retourner pour la graisser de toutes parts. Couvrir. Laisser gonfler dans un endroit chaud, à l'abri des courants d'air, pendant environ 15 minutes. Retourner la pâte sur une surface légèrement enfarinée. Façonner comme désiré (voir les suggestions qui suivent). Couvrir. Laisser gonfler dans un four légèrement chaud (90 °F/30 °C) pendant environ 15 minutes. Cuire à 425 °F (220 °C) pendant 12 minutes ou jusqu'à ce que les pains soient d'un beau brun doré. Retirer immédiatement des moules et laisser refroidir sur des grilles métalliques.

Torsades : Diviser la pâte en deux, puis rouler chaque moitié en rectangle de 12 x 9 po (30 x 22,5 cm). Couper 12 languettes semblables d'environ 1 po (2,5 cm) de largeur. Rouler chaque languette pour former un ressort et replier les extrémités en dessous. Déposer sur des plaques graissées, à environ 2 po (5 cm) de distance.

Trèfles : Diviser la pâte en 24 portions égales. Former une boule avec chaque portion et la déposer dans un moule à muffin graissé. À l'aide de ciseaux, couper chaque boule en deux, puis en quartiers.

Pain au bicarbonate et à la crème sure

- 2 tasses (500 ml) de farine tout usage
- 3/4 c. à thé (4 ml) de bicarbonate de sodium
- 1/2 c. à thé (2 ml) de sel
- 3 c. à soupe (45 ml) de sucre
- 1/2 tasse (125 ml) de beurre, ramolli
- 1/2 tasse (125 ml) de raisins secs
- 1 c. à soupe (15 ml) de graines de carvi
- 1 tasse (250 ml) de crème sure
- 1 c. à soupe (15 ml) de lait

Donne 1 pain

1 Déposer la farine, le bicarbonate de soude, le sel, le sucre et le beurre dans le bol du batteur sur socle. Actionner le batteur à vitesse moyenne-basse et mixer pendant 2 minutes ou jusqu'à l'obtention d'un mélange granuleux. Arrêter l'appareil et racler le bol.

2 Ajouter les raisins secs, les graines de carvi et la crème sure. Régler à basse vitesse et mixer pendant 1 minute ou jusqu'à ce que les ingrédients soient bien combinés. Déposer la pâte en un monticule circulaire, sur la plaque graissée. Badigeonner la pâte de lait. Cuire au four à 375 °F (190 °C) de 45 à 55 minutes. Retirer immédiatement de la plaque et laisser refroidir sur une grille.

Challah

- 1/3 tasse (75 ml) de beurre, fondu
- 1 tasse (250 ml) d'eau très chaude (120 °F à 130 °F/50 à 55 °C)
- 4 1/2 à 5 1/2 tasses (1,125 à 1,375 l) de farine tout usage, divisée
- 2 c. à soupe (30 ml) de sucre
- 1 1/2 c. à thé (7 ml) de sel
- 1 sachet (2 c. à thé/10 ml) de levure sèche active
- 3 œufs
- 1 blanc d'œuf
- 1 jaune d'œuf
- 1 c. à thé (5 ml) d'eau froide
- 1 c. à thé (5 ml) de graines de pavot

Donne 2 pains

1 Combiner le beurre et l'eau dans un bol ou dans une tasse à mesurer ; réserver.

2 Verser 4 tasses (1 l) de farine, le sucre, le sel et la levure dans le bol d'un batteur sur pied et installer le crochet pétrisseur. Actionner le batteur et mixer pendant 1 minute, le temps de bien mélanger les ingrédients secs. Pendant que le batteur tourne, incorporer le mélange à base de beurre. Mixer pendant 1 minute. Ajouter les œufs, le blanc d'œuf, puis mixer pendant 1 minute de plus, pour bien les intégrer. Ajouter 1/2 tasse (125 ml) de farine et mixer pendant 1 minute de plus. Répéter avec le reste de la farine jusqu'à ce qu'une pâte lisse soit formée. Mixer pendant 2 minutes de plus.

3 Déposer la pâte dans un bol bien graissé et la retourner pour la graisser de toutes parts. Couvrir ; laisser gonfler dans un endroit chaud, à l'abri des courants d'air, pendant environ 1 heure ou jusqu'à ce que la pâte ait doublé de volume.

4 Écraser légèrement la pâte et la diviser en deux. Diviser chaque moitié en 3 portions. Rouler chaque portion en une corde de 14 po (35 cm). Tresser les 3 cordes ensemble, terminer en plaçant les 3 extrémités les unes sous les autres et en plaçant la tresse sur une plaque de cuisson graissée. Répéter avec les autres cordes de pâte. Couvrir ; laisser gonfler dans un endroit chaud, à l'abri des courants d'air, pendant environ 1 heure ou jusqu'à ce que la pâte ait doublé de volume.

5 Battre ensemble le jaune d'œuf et l'eau. Badigeonner les pains de ce mélange et saupoudrer de graines de pavot. Cuire au four à 400 °F (200 °C) de 30 à 35 minutes. Retirer immédiatement des plaques et laisser refroidir sur des grilles.

Biscuits poudre à pâte

- 2 tasses (500 ml) de farine tout usage
- 4 c. à thé (20 ml) de levure chimique (poudre à pâte)
- ½ c. à thé (2 ml) de sel
- ⅓ tasse (75 ml) de shortening
- ⅔ tasse (150 ml) de lait partiellement écrémé (1%)
- Beurre fondu (facultatif)

Donne 12 biscuits

1 Déposer la farine, la levure chimique, le sel et le shortening dans le bol du batteur sur socle. Actionner le batteur à basse vitesse et mixer pendant environ 1 minute. Arrêter l'appareil et racler le bol.

2 Actionner à nouveau à basse vitesse, ajouter le lait et mixer jusqu'à ce que la pâte commence à coller au batteur. Ne pas trop battre. Déposer la pâte sur une surface légèrement enfarinée et la pétrir pendant environ 20 secondes ou jusqu'à ce qu'elle ait une consistance homogène. Écraser ou rouler pour atteindre une épaisseur de ½ po (1,25 cm). Couper à l'aide d'un emporte-pièce enfariné de 2 po (5 cm).

3 Déposer les biscuits sur des plaques de cuisson graissées et badigeonner de beurre fondu, si désiré. Cuire au four à 450 °F (230 °C) de 12 à 15 minutes. Servir immédiatement.

Pain noir de Russie

- 2 c. à soupe (30 ml) de vinaigre
- 2 c. à soupe (30 ml) de mélasse foncée
- ½ oz (15 g ou ½ carré) de chocolat non sucré
- 2 c. à soupe (30 ml) de beurre
- 1 tasse (250 ml) d'eau, divisée
- 1 sachet (2 c. à thé/10 ml) de levure sèche active
- 1 tasse (250 ml) de farine de seigle*
- 2 tasses (500 ml) de farine tout usage
- ½ tasse (125 ml) de céréales de son
- 2 c. à thé (10 ml) de graines de carvi
- ½ c. à thé (2 ml) de sucre
- 1 c. à thé (5 ml) de sel
- ½ c. à thé (2 ml) de café instantané
- ½ c. à thé (2 ml) de poudre d'oignon
- ½ c. à thé (2 ml) de fécule de maïs

**Vous pouvez moudre votre propre farine de seigle en passant ¾ tasse (150 ml) de grains de seigle dans un moulin à grains ou au robot culinaire.*

Donne 1 pain

1 Chauffer le vinaigre, la mélasse et le chocolat dans une petite casserole, à feu moyen, jusqu'à ce que le chocolat soit fondu. Incorporer le beurre et laisser tiédir.

2 Faire chauffer ¾ tasse (175 ml) d'eau entre 105 à 115 °F (40 à 45 °C). Dissoudre la levure dans l'eau chaude.

3 Mélanger ensemble la farine de seigle et la farine tout usage. Verser 2 tasses (500 ml) de farine, les céréales, les graines de carvi, le sucre, le sel, le café et la poudre d'oignon dans le bol d'un batteur sur pied et installer le crochet pétrisseur. Régler à basse vitesse et mixer pendant 15 secondes. Tout en mixant à basse vitesse, incorporer progressivement le mélange à base de levure et les liquides chauds en un filet mince et régulier. L'opération devrait prendre environ 1 minute. Ajouter le reste du mélange à base de farine, ½ tasse (125 ml) à la fois, jusqu'à ce que la pâte colle au crochet** et nettoie les côtés du bol. Pétrir pendant 2 minutes à basse vitesse, jusqu'à ce que la pâte soit lisse et élastique.

4 Déposer la pâte dans un bol graissé et la retourner pour la graisser de toutes parts. Couvrir ; laisser gonfler dans un endroit chaud, à l'abri des courants d'air, pendant environ 1 heure ou jusqu'à ce que la pâte ait doublé de volume.

5 Écraser la pâte et former une miche ronde. Déposer dans un moule à gâteau graissé de 8 po (20 cm). Couvrir ; laisser gonfler dans un endroit chaud, à l'abri des courants d'air, pendant environ 1 heure ou jusqu'à ce que la pâte ait doublé de volume

6 Cuire au four à 350 °F (180 °C) de 35 à 40 minutes. Dans une petite casserole, à feu moyen, combiner le ¼ tasse (60 ml) d'eau qu'il reste et la fécule de maïs. Remuer sans arrêt jusqu'à ce que le mélange vienne à ébullition ; cuire pendant 30 secondes. Badigeonner la miche du mélange à base de fécule de maïs et remettre au four pendant 2 minutes. Retirer immédiatement du moule et laisser refroidir sur une grille métallique.

*** La pâte ne se formera pas nécessairement en balle collée au crochet pétrisseur. Tant qu'il y a contact entre le crochet et la pâte, le pétrissage se fera. N'ajoutez pas plus que la quantité maximale de farine précisée ; sinon vous obtiendrez une miche sèche.*

Scones

- 2tasses (500 ml) de farine tout usage
- 2 c. à soupe (30 ml) de sucre
- 2 c. à thé (10 ml) de levure chimique (poudre à pâte)
- ½ c. à thé (2 ml) de sel
- ⅓ tasse (75 ml) de beurre, ramolli
- 2 œufs, divisés
- ½ tasse (125 ml) de crème épaisse
- 1 c. à thé (5 ml) d'eau

ASTUCE

Les scones sont des petits pains écossais classiques qui se préparent rapidement. À l'origine, ils étaient faits à partir d'avoine et cuits sur une grille, alors qu'aujourd'hui, on les prépare avec de la farine et on les cuit au four. Vous pouvez ajouter des saveurs aux scones traditionnels en y incorporant des bleuets, des amandes ou des brisures de chocolat.

Donne 16 scones

1 Déposer la farine, le sucre, la levure chimique, le sel et le beurre dans le bol du batteur sur socle. Régler à basse vitesse et mixer pendant 30 secondes ou jusqu'à ce que les ingrédients soient bien combinés. Arrêter l'appareil et racler le bol.

2 Ajouter 1 œuf et la crème. Actionner à basse vitesse et mixer pendant 30 secondes ou jusqu'à ce qu'une pâte lisse soit formée. Pétrir la pâte à 3 reprises sur une surface légèrement enfarinée. Diviser la pâte en deux portions. Écraser chaque portion en un cercle d'environ ½ po (1,25 cm) d'épaisseur. Couper chaque cercle en 8 pointes.

3 Déposer les pointes sur des plaques graissées, à environ 2 po (5 cm) de distance. Battre ensemble l'œuf restant et l'eau. Badigeonner ce mélange sur les pointes. Cuire au four à 425 °F (220 °C) de 10 à 12 minutes. Servir immédiatement.

Muffins à l'orange

- 2 tasses (500 ml) de farine tout usage
- 2 c. à thé (10 ml) de levure chimique (poudre à pâte)
- ½ c. à thé (2 ml) de bicarbonate de sodium
- ¼ c. à thé (1 ml) de sel
- 1 c. à soupe (15 ml) de zeste d'orange, râpé
- 1 œuf, battu
- ¾ tasse (175 ml) de jus d'orange
- ¼ tasse (60 ml) de beurre, fondu
- 2 c. à soupe (30 ml) de lait
- 1 c. à thé (5 ml) de vanille
- Beurre fouetté (facultatif)
- Marmelade d'orange sans sucre ajouté (facultatif)

Donne 12 muffins

1 Préchauffer le four à 400 °F (200 °C). Enduire 12 moules à muffin moyens d'aérosol de cuisson antiadhésif ou déposer un moule à papier dans chacun ; réserver.

2 Dans un bol moyen, combiner la farine, la levure chimique, le sel et le zeste d'orange. Dans un petit bol, combiner l'œuf, le jus d'orange, le beurre, le lait et la vanille jusqu'à ce qu'ils soient bien mélangés ; incorporer dans le mélange à base de farine jusqu'à ce qu'il soit à peine humecté.

3 À l'aide d'une cuillère, déposer la pâte dans les moules à muffin en prenant soin de ne pas les remplir plus qu'à moitié. Cuire de 18 à 20 minutes ou jusqu'à ce qu'ils soient dorés. Laisser refroidir dans le moule, sur une grille, pendant 5 minutes. Démouler et laisser complètement refroidir. Servir chaud ou à la température ambiante. Tartiner de beurre fouetté ou de marmelade.

Pain français

2 sachets (4 c. à thé/20 ml) levure sèche active
2½ tasses (625 ml) eau chaude (105 °F à 115 °F/40 à 45 °C)
1 c. à soupe (15 ml) de sel
1 c. à soupe (15 ml) de beurre, fondu
7 tasses (1,75 l) de farine tout usage
2 c. à soupe (30 ml) de semoule de maïs
1 blanc d'œuf
1 c. à soupe (15 ml) d'eau froide

Donne 2 pains

1 Dissoudre la levure dans l'eau chaude, dans le bol réchauffé du batteur sur socle auquel on a fixé le crochet pétrisseur. Ajouter le sel, le beurre et la farine. Actionner le batteur à basse vitesse et mixer jusqu'à homogénéité, soit pendant environ 1 minute. Mixer à basse vitesse pendant environ 2 minutes de plus. La pâte deviendra collante.

2 Placer la pâte dans un bol graissé et l'y retourner pour la graisser de toutes parts. Couvrir. Laisser gonfler dans un endroit chaud, à l'abri des courants dair, pendant environ 1 heure ou jusqu'à ce que le pâte ait doublé de volume.

3 Écraser légèrement la pâte et la diviser en deux. Rouler chaque moitié en un rectangle de 12 x 15 po (30 x 37,5 cm). Rouler fermement la pâte, à partir du côté le plus long, en rétrécissant les extrémités, si désiré. Placer les pains sur des plaques graissées préalablement enfarinées de semoule de maïs. Couvrir. Laisser gonfler dans un endroit chaud, à l'abri des coups de vent, pendant environ 1 heure ou jusqu'à ce que le pâte ait doublé de volume.

4 À l'aide d'un couteau coupant, effectuer 4 entailles diagonales sur le dessus de chaque pain. Cuire au four à 450 °F (230 °C) pendant 25 minutes. Sortir du four. Battre le blanc d'œuf et l'eau à l'aide d'un fouet. Badigeonner chaque pain de ce mélange. Enfourner à nouveau et cuire pendant 5 minutes de plus. Retirer immédiatement des plaques et laisser refroidir sur des grilles.

Pain de blé aux grains entiers

- 1/3 tasse (75 ml) plus 1 c. à soupe (15 ml) de cassonade, divisée
- 2 tasses (500 ml) d'eau chaude (105 °F à 115 °F/40 à 45 °C)
- 2 sachets (4 c. à thé/20 ml) de levure sèche active
- 5 à 6 tasses (1,25 à 1,5 l) de farine de blé entier
- 3/4 tasse (175 ml) de lait en poudre
- 2 c. à thé (10 ml) de sel
- 1/3 tasse (75 ml) d'huile

Donne 2 pains

1 Dans un petit bol, dissoudre 1 c. à soupe (15 ml) de cassonade dans l'eau chaude. Ajouter la levure et laisser le mélange reposer.

2 Verser 4 tasses (1 l) de farine, le lait en poudre, 1/3 tasse (75 ml) de cassonade et le sel dans le bol d'un batteur sur pied et installer le crochet pétrisseur. Régler à basse vitesse et mixer pendant environ 15 secondes. Continuer de mixer à basse vitesse, ajouter progressivement le mélange à base de levure et l'huile et mixer pendant environ 90 secondes de plus. Arrêter l'appareil et racler le bol, si nécessaire.

3 Continuer de mixer à basse vitesse, ajouter le reste de la farine, 1/2 tasse (125 ml) à la fois, et mixer jusqu'à ce que la pâte colle au crochet et qu'elle se décolle des rebords du bol, soit pendant environ 2 minutes. Mixer à basse vitesse pendant environ 2 minutes de plus.

4 Former une boule avec la pâte. Déposer dans un bol graissé et la retourner pour la graisser de toutes parts. Couvrir ; laisser gonfler dans un endroit chaud, à l'abri des courants d'air, pendant environ 1 heure ou jusqu'à ce que la pâte ait doublé de volume.

5 Écraser légèrement la pâte et la diviser en deux. Former une miche avec chaque portion et les déposer dans un moule à pain bien graissé de 8 1/2 x 4 1/2 po (21,25 x 11,25 cm). Couvrir ; laisser gonfler dans un endroit chaud, à l'abri des courants d'air, pendant environ 1 heure ou jusqu'à ce que la pâte ait doublé de volume. Cuire au four à 400 °F (230 °C) pendant 15 minutes. Baisser le feu à 350 °F (180 °C) et cuire 25 minutes de plus. Retirer immédiatement des moules et laisser refroidir sur des grilles métalliques.

* *Il est possible que la pâte ne forme pas une boule sur le crochet pétrisseur. Tant qu'il y a contact entre le crochet et la pâte, le pétrissage se fera. N'ajoutez pas plus que la quantité maximale de farine précisée ; sinon vous obtiendrez une miche sèche.*

Pain avoine et miel

- 1½ tasse (375 ml) d'eau
- ½ tasse (125 ml) de miel
- ⅓ tasse (75 ml) de beurre
- 5½ à 6½ tasses (1,375 à 1,625 l) de farine tout usage
- 1 tasse (250 ml) d'avoine à cuisson rapide
- 2 c. à thé (10 ml) de sel
- 2 sachets (4 c. à thé/20 ml) de levure sèche active
- 2 œufs
- 1 blanc d'œuf
- 1 c. à soupe (15 ml) d'eau
- Avoine à cuisson rapide

Donne 2 pains

1 Dans une petite casserole, verser l'eau, le miel et le beurre. Faire chauffer à feu bas jusqu'à ce que le mélange soit très chaud (120 °F à 130 °F ou 50 à 55 °C).

2 Verser 5 tasses (1,25 l) de farine, l'avoine, le sel et la levure dans le bol d'un batteur sur pied et installer le crochet pétrisseur. Régler à basse vitesse et mixer pendant environ 15 secondes. Continuer de mixer à basse vitesse, ajouter progressivement le mélange chaud au mélange à base de farine et mixer pendant environ 1 minute. Ajouter les œufs et mixer pendant environ 1 minute de plus.

3 Continuer de mixer à basse vitesse, ajouter le reste de la farine, ½ tasse (125 ml) à la fois, et mixer jusqu'à ce que la pâte colle au crochet et qu'elle se décolle des rebords du bol, soit pendant environ 2 minutes. Mixer à basse vitesse pendant environ 2 minutes de plus.

4 Placer la pâte dans un bol graissé et l'y retourner pour la graisser de toutes parts. Couvrir. Laisser gonfler dans un endroit chaud, à l'abri des courants d'air, pendant environ 1 heure ou jusqu'à ce que le pâte ait doublé de volume.

5 Écraser légèrement la pâte et la diviser en deux. Former une miche avec chaque portion de pâte. Déposer les miches dans des moules à pain bien graissés de 8½ x 4½ x 3½ po (21,25 x 11,25 x 8,75 cm). Couvrir. Laisser gonfler dans un endroit chaud, à l'abri des courants d'air, pendant environ 1 heure ou jusqu'à ce que la pâte ait doublé de volume.

6 Battre le blanc d'œuf et l'eau à l'aide d'un fouet. Badigeonner le dessus des pains de ce mélange. Saupoudrer d'avoine. Cuire au four à 375 °F (190 °C) pendant 40 minutes. Retirer immédiatement des moules et laisser refroidir sur des grilles métalliques.

Muffins aux fraises

- 1¼ tasse (310 ml) de farine tout usage
- 2½ c. à thé (12 ml) de levure chimique (poudre à pâte)
- ½ c. à thé (2 ml) de sel
- 1 tasse (250 ml) d'avoine à l'ancienne
- ½ tasse (125 ml) de sucre
- 1 tasse (250 ml) de lait
- ½ tasse (125 ml) de beurre, fondu
- 1 œuf, battu
- 1 c. à thé (5 ml) de vanille
- 1 tasse (250 ml) de fraises fraîches, hachées

Donne 12 muffins

1 Préchauffer le four à 425 °F (220 °C). Graisser le fond de 12 moules à muffin de format régulier (2½ po ou 6,25 cm) ou y déposer des moules en papier ; réserver.

2 Dans un grand bol, mélanger la farine, la levure chimique et le sel. Incorporer l'avoine et le sucre. Dans un petit bol, combiner le lait, le beurre, l'œuf et la vanille jusqu'à ce qu'ils soient bien mélangés ; incorporer dans le mélange à base de farine jusqu'à ce qu'il soit à peine humecté. Incorporer les fraises. Remplir les moules environ aux deux tiers.

3 Cuire de 15 à 18 minutes ou jusqu'à ce que les muffins soient légèrement dorés et qu'un cure-dents inséré au centre en ressorte propre. Retirer du moule. Laisser refroidir sur une grille pendant environ 10 minutes. Servir les muffins chauds ou complètement refroidis.

Œufs bénédictine avec saumon fumé et sauce hollandaise *(recette à la page 64)*

Petits déjeuners et brunchs

Il est dorénavant simple – et très profitable – de commencer votre journée avec une touche gourmet. Mettez de côté les éternels œufs et rôties et découvrez à quel point un petit déjeuner et un brunch peuvent être sublimes... Sirotez un moka java latte avec vos gaufres au babeurre, bananes et noix délicieusement humectées de sirop d'érable. Ces alléchantes recettes procurent une toute nouvelle ambiance à vos repas de début de journée.

Œufs bénédictine avec saumon fumé et sauce hollandaise

(photo à la page 62)

- 4 muffins anglais, coupés en deux et grillés
- 4 oz (120 g) de saumon fumé, tranché
- 8 tranches de tomates
- Eau
- 1 c. à thé (5 ml) de vinaigre blanc
- 8 œufs
- Sauce hollandaise (recette ci-dessous)
- 1/3 tasse (75 ml) d'aneth frais, haché

Donne 4 portions

1 Préchauffer le four à 200 °F (95 °C). Déposer 2 moitiés de muffins anglais, côté coupé vers le haut, dans chacune des 4 assiettes. Répartir le saumon fumé parmi les moitiés de muffins et déposer une tranche de tomates par-dessus. Enfourner les assiettes et éteindre le feu.

2 Remplir d'eau une grande poêle à frire de 2 po (5 cm), ajouter le vinaigre et porter à ébullition à feu moyen. Casser 4 œufs dans 4 ramequins (ou dans 4 petits bols). En tenant les ramequins tout près de la surface de l'eau en ébullition, faire délicatement glisser les œufs dans l'eau.

3 Cuire jusqu'à ce que les blancs soient complètement cuits et que les jaunes commencent à peine à se solidifier, soit environ 3 minutes. Retirer les œufs à l'aide d'une cuillère rainurée et les égoutter sur du papier essuie-tout. Répéter avec le reste des œufs, et déposer 1 œuf sur chaque moitié de muffin anglais préparée. À l'aide d'une cuillère, verser une cuillère à soupe comble de sauce hollandaise sur chaque œuf, puis saupoudrer d'aneth frais.

Sauce hollandaise

- 3 jaunes d'œuf
- 1/4 tasse (60 ml) d'eau
- 2 c. à soupe (30 ml) de jus de lime
- 1/2 tasse (125 ml) de beurre froid coupé en 8 morceaux
- 1/4 c. à thé (2 ml) de sel (facultatif)

Dans une petite casserole, à feu doux, fouetter délicatement les jaunes d'œuf, l'eau et le jus de citron jusqu'à ce que le mélange commence à bouillonner légèrement sur le pourtour, soit environ 4 minutes.

Fouetter pour incorporer le beurre, un morceau à la fois, jusqu'à ce qu'il soit fondu et que la sauce ait épaissi. Incorporer le sel en fouettant, au goût. Ne pas laisser la sauce bouillir. Servir immédiatement.

Crêpes aux noix et aux abricots

- 2/3 tasse (250 ml) de farine de blé entier
- 1/3 tasse (75 ml) de farine tout usage
- 2 c. à thé (10 ml) de levure chimique (poudre à pâte)
- 2 c. à soupe (30 ml) de sucre
- 1/4 c. à thé (1 ml) de sel
- 3/4 tasse (175 ml) de lait
- 2 c. à soupe (30 ml) de beurre, fondu
- 1 œuf
- 1/2 tasse (125 ml) d'abricots séchés, finement coupés*
- 1/2 tasse (125 ml) de noix de Grenoble, hachées

** Hacher les abricots au couteau ou, si désiré, au robot culinaire, en pulsant jusqu'à ce qu'ils soient finement hachés.*

Donne 12 crêpes

1 Dans un bol moyen, mélanger les farines, la levure chimique, le sucre et le sel ; réserver.

2 Dans le bol du batteur sur socle, battre le lait, le beurre et l'œuf à vitesse moyenne pendant environ 30 secondes. Pendant que le batteur fonctionne à basse vitesse, ajouter rapidement le mélange à base de farine. Mixer pendant 30 secondes. Arrêter l'appareil et racler le bol. Actionner le batteur à vitesse moyenne-élevée et battre pendant 30 secondes de plus, ou jusqu'à ce que le tout soit bien mélangé. Régler à basse vitesse, et incorporer rapidement les abricots et les noix.

3 Chauffer doucement une plaque à frire ou une poêle à frire à fond épais. Verser dans la poêle ou sur la plaque 2 c. à soupe (30 ml) de mélange pour chaque crêpe, à au moins 1 po (2,5 cm) de distance. Cuire jusqu'à ce que des bulles se forment à la surface et que les rebords s'assèchent. Retourner et cuire jusqu'à ce qu'elles soient dorées. Servir immédiatement.

Café au lait moka java épicé

- 1/3 tasse (75 ml) de mini-brisures de chocolat mi-sucré
- 1/3 tasse (75 ml) de crème épaisse ou crème à fouetter
- 3 tasse (750 ml) de café corsé fraîchement infusé
- 1 c. à soupe (15 ml) de sucre
- 1/8 c. à thé (0,5 ml) d'épices pour tarte à la citrouille (un peu plus pour décorer)
- Crème fouettée

Donne 4 portions

Dans une casserole de format moyen, à feu moyen, fouetter ensemble les brisures de chocolat, la crème, le café, le sucre et les épices pour tarte à la citrouille jusqu'à ce que les brisures soient complètement fondues et que le mélange commence à bouillonner. Répartir dans 4 grandes tasses pour café irlandais (ou des tasses régulières). Garnir chaque café de crème fouettée et d'une pincée d'épices.

Crêpes de blé entier

- 3/4 tasse (175 ml) de lait
- 2 c. à soupe (30 ml) de beurre, fondu
- 1 œuf
- 1/3 tasse (75 ml) de farine de blé entier
- 2/3 tasse (150 ml) de farine tout usage
- 2 c. à thé (10 ml) de levure chimique (poudre à pâte)
- 2 c. à soupe (30 ml) de sucre
- 1/4 c. à thé (1 ml) de sel

Donne 10 crêpes

1 Verser le lait, le beurre et l'œuf dans le bol du batteur sur socle. Actionner à vitesse moyenne-basse et fouetter pendant 30 secondes. Ajouter la farine de blé entier, la farine tout usage, la levure chimique, le sucre et le sel. Régler le batteur à vitesse moyenne et fouetter jusqu'à ce que les ingrédients soient uniformément mélangés, soit environ 30 secondes.

2 Chauffer doucement une plaque à frire ou une poêle à frire à fond épais. Déposer sur la plaque 2 c. à soupe (30 ml) de mélange pour chaque crêpe. Cuire jusqu'à ce que des bulles se forment à la surface et que les rebords s'assèchent. Retourner et cuire jusqu'à ce qu'elles soient dorées. Servir immédiatement.

Café au lait moka java épicé

Chilaquiles de poulet avec salsa de chipotles

Salsa de chipotles (recette page ci-contre)

- 12 tortillas de maïs (6 ou 7 po /15 ou 17,5 cm)
- 1½ à 2½ c. à soupe (22 à 37 ml) d'huile végétale, divisée
- 2 tasses (500 ml) de poulet, cuit et déchiqueté
- 6 œufs, battus
- 1 tasse (250 ml) de manchego, râpé
- ½ tasse (125 ml) de feta, finement émiettée
- ⅓ tasse (75 ml) de crème fraîche ou crema Mexicana*

** La crema Mexicana est un produit laitier qui ressemble à la crème sure ou à la crème fraîche. Vous pouvez utiliser l'une ou l'autre si vous n'en trouvez pas à votre épicerie. La crema Mexicana est plus sucrée et plus crémeuse que la crème fraîche, mais elle a une saveur légèrement plus prononcée que la crème sure.*

Donne 6 à 8 portions

1 Préparer la salsa aux chipotles ; réserver. Préchauffer le four à 375 °F (190 °C). Vaporiser un plat allant au four de 13 x 9 po (33 x 23 cm) d'aérosol de cuisson antiadhésif.

2 Empiler toutes les tortillas sur la planche découper. À l'aide d'un couteau bien coupant, trancher en lanières de ¼ à ½ po (5 mm à 1,25 cm). Chauffer 1½ c. à soupe (22 ml) d'huile végétale, à feu moyen-élevé, dans une grande poêle à frire, jusqu'à ce qu'elle frémisse. Ajouter la moitié des lanières de tortillas et frire jusqu'à ce qu'elles soient dorées, en remuant délicatement pour éviter qu'elles collent les unes aux autres. À l'aide d'une cuillère à rainures, transférer dans le plat préparé. Ajouter le reste de l'huile dans la poêle, au besoin, et faire frire le reste des lanières de tortillas. Déposer dans le plat.

3 Ajouter le poulet dans le plat. Verser la salsa aux chipotles sur les lanières de tortillas et sur le poulet ; remuer délicatement pour enrober uniformément. Incorporer les œufs battus. Recouvrir de papier d'aluminium et cuire pendant 35 minutes ou jusqu'à ce que les lanières de tortillas aient absorbé suffisamment de sauce pour amollir sans pour autant être détrempées et que la casserole soit bien réchauffée. Sortir du four ; retirer le papier d'aluminium et saupoudrer de manchego. Remettre au four et cuire de 5 à 10 minutes ou jusqu'à ce que le fromage soit fondu et qu'il commence à dorer.

4 Sortir du four et laisser refroidir légèrement avant de servir. Saupoudrer chaque portion de feta émiettée et napper de crema Mexicana ou de toute autre garniture, au goût.

Salsa aux chipotles

- 1 à 1½ lb (450 à 675 g) de tomates fraîches bien mûres*
- 2 c. à soupe (30 ml) d'huile végétale, divisée
- 2 à 3 piments chipotles en conserve dans leur sauce
- ½ gros oignon blanc, en tranches de ¼ po (5 mm)
- 3 gousses d'ail, finement hachées
- 2½ tasses (625 ml) de bouillon de poulet ou de légumes (plus, au besoin)
- ½ tasse (125 ml) de coriandre fraîche, finement hachée
- Sel

** Peuvent être remplacées par 1 boîte (28 oz ou 840 g) de tomates entières égouttées. Si vous utilisez des tomates en boîte, ne pas les faire griller et passer à l'étape du mélange.*

Allumer le gril. Déposer les tomates dans un grand bol. Verser 1 c. à soupe (15 ml) d'huile sur les tomates et les retourner pour bien les enrober. Déposer les tomates sur une plaque. Les faire griller, à 4 po (10 cm) de la source de chaleur pendant environ 6 minutes ou jusqu'à ce qu'elles soient très grillées (noircies par endroits). Retourner les tomates et les faire griller de l'autre côté. Retirer du feu et laisser refroidir. Retirer et jeter la peau des tomates. Retirer et jeter le cœur des tomates s'il est resté dur.

Transférer les tomates dans le contenant du mélangeur, ainsi que tout jus récupéré de la plaque. Ajouter les chipotles. Mixer par pulsions jusqu'à l'obtention d'une purée grossière.

Chauffer le reste de l'huile, à feu moyen, dans un faitout. Ajouter l'oignon et cuire, en remuant souvent, jusqu'à ce qu'il soit doré. Ajouter l'ail et cuire pendant 1 minute. Incorporer la purée de tomates et chipotles et cuire jusqu'à ce que le mélange bouillonne et épaississe, soit pendant environ 5 minutes. Incorporer le bouillon. Retirer du feu et laisser refroidir à la température ambiante. Incorporer davantage de bouillon, au besoin, pour obtenir 4½ tasses (1,125 l). Incorporer la coriandre et saler au goût. La salsa peut être préparée jusqu'à 4 jours à l'avance et réfrigérée dans un contenant hermétique.

Gaufres au babeurre, bananes et noix

- 3/4 tasse (175 ml) de noix de Grenoble ou pacanes
- 2 tasses (500 ml) de farine tout usage
- 1/4 tasse (60 ml) de sucre
- 2 c. à thé (10 ml) de levure chimique (poudre à pâte)
- 1 c. à thé (5 ml) de sel
- 2 œufs, séparés
- 2 tasses (500 ml) de babeurre
- 2 bananes très mûres, écrasées (environ 1 tasse/250 ml)
- 1/4 tasse (60 ml) de beurre, fondu
- 1 c. à thé (5 ml) de vanille
- Sirop
- Tranches de bananes
- Noix de Grenoble supplémentaires (facultatif)

Donne 4 portions

1 Faire griller les noix de Grenoble de 5 à 8 minutes, à feu moyen, dans une poêle à frire antiadhésive, jusqu'à ce qu'elles embaument. Transférer dans une assiette pour qu'elles refroidissent ; hacher et réserver.

2 Vaporiser un peu d'aérosol de cuisson antiadhésif dans le gaufrier ; préchauffer conformément au mode d'emploi du fabricant.

3 Pendant ce temps, dans un grand bol, mélanger la farine, le sucre, la levure chimique et le sel. Dans un bol de format moyen, battre les jaunes d'œufs. Ajouter le babeurre, les bananes écrasées, le beurre, la vanille et les noix de Grenoble ; bien mélanger. Incorporer le mélange au babeurre au mélange à base de farine jusqu'à ce que ce dernier soit humecté.

4 Battre les blancs d'œuf dans le bol du batteur sur socle, à vitesse élevée, jusqu'à ce qu'ils soient fermes mais pas secs. Incorporer les blancs d'œuf à la pâte.

5 Verser 3/4 tasse (175 ml) de pâte dans le gaufrier ; cuire de 4 à 6 minutes ou jusqu'à ce que les gaufres soient bien dorées. Servir avec du sirop (au goût) et des tranches de banane. Décorer de noix de Grenoble.

Granola maison fruité et consistant

- 2 tasses (500 ml) d'avoine à l'ancienne biologique
- 1 1/3 tasse (325 ml) d'amandes effilées crues
- 1 tasse (250 ml) de flocons de noix de coco sucrés
- 3 c. à soupe (45 ml) de beurre non salé
- 1/4 tasse (60 ml) de miel biologique
- 1 tasse (250 ml de cubes de 3/8 po ou 10 mm) d'abricots séchés
- 3/4 tasse (175 ml) de canneberges séchées
- 3/4 tasse (175 ml) de cerises acides séchées
- 1/2 tasse (125 ml) de bleuets séchés
- 1/2 tasse (125 ml) de noix de cajous, grillées et non salées en morceaux

ASTUCE

Le granola est une collation extraordinaire ! Ajoutez-le à une tasse de yogourt ou saupoudrez-le sur de la crème glacée.

Donne 2 pots (4 tasses/1 l)

1 Préchauffer le four à 300 °F (150 °C). Recouvrir une plaque de cuisson de papier d'aluminium ou parchemin. Réserver.

2 Dans un grand bol à mélanger, combiner l'avoine, les amandes et la noix de coco. Dans une tasse à mesurer allant au four à micro-ondes, faire fondre le beurre à puissance élevée de 30 à 50 secondes (le temps dépendra de la puissance de votre four micro-ondes). Ajouter le miel. Fouetter pour bien mixer tous les ingrédients. Incorporer le mélange à base de beurre au mélange à base d'avoine et remuer à l'aide d'une spatule en caoutchouc pour l'enrober uniformément. Transférer le mélange sur la plaque préparée ; répartir uniformément. Cuire de 20 à 25 minutes ou jusqu'à ce qu'il soit doré, en remuant une ou deux fois. Sortir du four ; laisser complètement refroidir sur une grille.

3 Combiner le reste des ingrédients dans un grand bol à mélanger. Émietter le mélange à base d'avoine refroidi et l'ajouter au mélange aux fruits. Mélanger pour bien combiner les ingrédients. Transférer le mélange dans 2 pots à grande ouverture 4 tasses (1 l). Fermer les pots hermétiquement.

Empanadas rapides pour le petit déjeuner

- ½ lb (225 g) de bacon (environ 10 tranches)
- 1 paquet (15 oz/435 g) de croûte à tarte réfrigérée
- 9 œufs, divisés
- 1 c. à thé (5 ml) d'eau
- 1 c. à thé (5 ml) de sel
- 1 pincée de poivre noir
- 1 c. à soupe (15 ml) de beurre
- 2 tasses (8 oz/225 g chacune) de fromage râpé de style mexicain, divisé
- ¼ tasse (60 ml) de salsa

Donne 4 portions

1 Préchauffer le four à 425 °F (220 °C). Vaporiser une plaque de cuisson d'aérosol de cuisson antiadhésif. Cuire le bacon à feu moyen-élevé, dans une poêle à frire, jusqu'à ce qu'il soit croustillant ; égoutter sur du papier essuie-tout et essuyer la poêle. Couper le bacon en morceaux de ¼ po (5 mm), Couper les croûtes à tarte en deux pour créer 4 demi-cercles ; déposer sur une plaque de cuisson préparée.

2 Dans un petit bol, battre ensemble 1 œuf et l'eau jusqu'à ce que le mélange soit uniforme ; réserver. Dans un bol de format moyen, battre les 8 œufs, le sel et le poivre jusqu'à ce qu'ils soient bien mélangés. Chauffer une grande poêle à frire à feu moyen. Ajouter le beurre ; incliner la poêle de tous côtés pour enduire uniformément le fond. Saupoudrer le bacon uniformément dans la poêle. Verser les œufs dans la poêle et cuire 2 minutes sans remuer ; remuer délicatement jusqu'à ce que les œufs forment de gros morceaux et soient encore un peu baveux. Déposer dans une assiette pour refroidir.

3 Déposer ¼ du mélange d'œufs brouillés dans chaque moitié de demi-cercle de pâte. Réserver ¼ tasse (60 ml) de fromage ; saupoudrer le reste du fromage sur les œufs. Garnir de salsa.

4 Badigeonner les rebords intérieurs de chaque demi-cercle du mélange œuf/eau réservé. Replier la pâte sur le mélange aux œufs et sceller les rebords à l'aide d'une fourchette ; donne 4 empanadas. (Au besoin, enfariner la fourchette pour l'empêcher de coller à la pâte.)

5 Badigeonner le dessus des empanadas avec le reste du mélange œuf/eau et saupoudrer du reste de fromage réservé. Cuire de 15 à 20 minutes ou jusqu'à ce qu'ils soient dorés.

Crème brûlée à l'avoine avec sauce aux framboises

Crème brûlée

- 4 tasses (1 l) d'eau
- ½ c. à thé (2 ml) de sel
- 3 tasses (750 ml) d'avoine à l'ancienne
- 1 tasse (250 ml) de crème à fouetter
- ½ c. à thé (2 ml) de vanille
- ¼ tasse (60 ml) de sucre granulé
- 3 jaunes d'œuf
- 3 c. à soupe (45 ml) de cassonade

Sauce aux framboises

- 6 oz (180 g) de framboises sucrées surgelées
- ½ tasse (125 ml) de sucre granulé
- ¼ tasse (60 ml) d'eau
- 1 c. à thé (5 ml) d'essence d'orange

REMARQUE

Cette crème brûlée a la texture d'un pouding au riz et le goût d'une crème anglaise sucrée, avec une croûte de crème brûlée.

Donne 4 portions

1 **Pour préparer la crème brûlée :** Préchauffer le four à 300 °F (150 °C). Recouvrir une plaque de cuisson de papier d'aluminium ; réserver. Dans une casserole de format moyen, chauffer 4 tasses (1 l) d'eau et le sel à feu élevé. Lorsque l'eau frémit, ajouter l'avoine et baisser à feu doux. Cuire de 3 à 5 minutes, en remuant à l'occasion, ou jusqu'à ce que l'eau soit absorbée par l'avoine et que celle-ci soit tendre. Répartir l'avoine dans 4 gros ramequins ou 4 bols allant au four. Déposer sur la plaque à pâtisserie préparée ; réserver.

2 Dans une casserole moyenne, chauffer la crème à feu élevé, sans la faire bouillir. Retirer du feu ; incorporer la vanille. Dans un petit bol, mélanger le sucre granulé et les jaunes d'œuf à la fourchette ou au fouet. Verser environ ½ tasse (125 ml) de crème chauffée, en un mince filet, dans le mélange à base d'œuf en remuant rapidement ; verser le mélange à base d'œuf dans la casserole de crème en fouettant jusqu'à ce que le tout soit bien mélangé et homogène. Loucher le mélange à la crème sur l'avoine, dans les ramequins. Cuire pendant 35 minutes ou jusqu'à ce que le mélange soit presque figé. Sortir du four ; préchauffer le gril à 500 °F (260 °C).

3 **Pour préparer la sauce aux framboises :** Pendant que les crèmes brûlées cuisent, réduire les framboises en purée avec le sucre granulé, l'eau et l'essence d'orange au robot culinaire ou au mélangeur. Verser la sauce au travers d'un tamis pour éliminer les graines ; les jeter.

4 Saupoudrer uniformément 1½ c. à thé (7 ml) de cassonade sur chaque crème brûlée. Déposer la plaque de cuisson sous le gril ; laisser griller de 3 à 5 minutes ou jusqu'à ce que la surface soit caramélisée. Laisser refroidir de 5 à 10 minutes avant de servir. Servir avec la sauce.

Muffins aux œufs et au bacon

12 tranches de bacon, coupées en trois
6 œufs ou 1½ tasse (375 ml) de substitut d'œuf
½ tasse (125 ml) de crème 10 %
½ tasse (125 ml) de poivrons en cubes (rouges, verts ou un mélange des deux)
½ tasse (125 ml) de Monterey Jack avec piments jalapeños, râpé
¼ c. à thé (1 ml) de sel
¼ c. à thé (1 ml) de poivre noir

ASTUCE

Pour réduire le temps de préparation, recherchez les poivrons mélangés en dés dans la section des produits frais de votre épicerie.

Donne 12 portions

1 Préchauffer le four à 350 °F (180 °C). Vaporiser légèrement le moule à muffins (2,5 po/5 cm) d'aérosol de cuisson antiadhésif.

2 Disposer les tranches de bacon à plat, en une seule couche, dans une assiette recouverte de papier essuie-tout. Ne pas les superposer. Recouvrir d'une autre épaisseur de papier essuie-tout et cuire au four à micro-ondes à puissance élevée de 2 à 3 minutes, ou jusqu'à ce que les tranches de bacon soient cuites mais souples. Déposer 3 tranches de bacon dans chaque moule en les superposant de 1 po (2,5 cm) au fond.

3 Dans un bol de format moyen, battre ensemble la crème, les poivrons, le fromage, le sel et le poivre jusqu'à ce qu'ils soient bien mélangés. Remplir chaque moule de ¼ tasse (60 ml) du mélange aux œufs. Cuire de 20 à 25 minutes ou jusqu'à ce que les œufs soient cuits au centre. À l'aide d'un couteau, décoller les muffins du moule.

Gâteau aux pommes et à la cannelle

- ½ tasse (125 ml) de lait
- ¼ tasse (60 ml) de beurre
- ¼ tasse (60 ml) d'eau chaude (105 à 115 °F/40 à 45 °C)
- 3 à 3½ tasses (750 à 875 ml) de farine tout usage, divisée
- ¼ tasse (60 ml) de sucre
- 1 c. à thé (5 ml) de sel
- 1 sachet de levure sèche active
- 1 œuf
- Garniture à la cannelle (recette ci-dessous)
- 2 pommes, pelées, évidées et finement tranchées

Donne 1 gâteau

1 Chauffer le lait ; ajouter le beurre et l'eau. Laisser refroidir jusqu'à ce que le mélange soit tiède. Verser 2 tasses (500 ml) de farine, le sucre, le sel et la levure dans le bol d'un batteur sur pied et installer le crochet pétrisseur. Régler à basse vitesse et mixer pendant 15 secondes. Ajouter graduellement le liquide tiède, et mixer pendant 1 minute. Ajouter l'œuf et mixer pendant 1 minute de plus. Tout en mixant à basse vitesse, ajouter le reste de la farine, ½ tasse (125 ml) à la fois, jusqu'à ce que la pâte colle au crochet et se détache des côtés du bol. Pétrir à basse vitesse pendant environ 2 minutes de plus.

2 Déposer la pâte dans un bol graissé et la retourner pour la graisser de toutes parts. Couvrir ; laisser gonfler dans un endroit chaud, à l'abri des courants d'air, pendant environ 1 heure ou jusqu'à ce que la pâte ait doublé de volume.

3 Écraser légèrement la pâte et la diviser en deux. Rouler chaque portion en un cercle de 9 po (22,5 cm). Déposer 1 cercle au fond d'un moule à charnière de 9 po (22,5 cm). Saupoudrer un quart de la garniture à la cannelle sur la pâte. Disposer la moitié des tranches de pommes sur la garniture ; saupoudrer un autre quart de la garniture sur les pommes. Déposer l'autre cercle de pâte dans le moule et répéter les alternances de mélange à la cannelle et de pommes. Couvrir ; laisser gonfler dans un endroit chaud, à l'abri des courants d'air, pendant environ 1 heure ou jusqu'à ce que la pâte ait doublé de volume.

4 Cuire au four à 375 °F (190 °C) de 45 à 50 minutes. Retirer les côtés du moule à charnière et laisser refroidir sur une grille métallique.

Garniture à la cannelle

- **1 tasse (250 ml) de sucre**
- **¾ tasse (175 ml) de farine tout usage**
- **2½ c. à thé (7 ml) de cannelle moulue**
- **6 c. à soupe (90 ml) de beurre**

Mixer tous les ingrédients à la fourchette jusqu'à l'obtention d'une consistance granuleuse.

Gaufres croustillantes

- 2 tasses (500 ml) de farine tout usage
- 3 c. à thé (15 ml) de levure chimique (poudre à pâte)
- 2 c. à soupe (30 ml) de sucre
- ½ c. à thé (2 ml) de sel
- 2 œufs, séparés
- 1¼ tasse (375 ml) de lait partiellement écrémé (1%)
- ¼ tasse (60 ml) de beurre, fondu

Donne 6 gaufres

1 Combiner la farine, la levure chimique, le sucre et le sel dans le bol du batteur sur socle. Ajouter les jaunes d'œuf, le lait et le beurre. Actionner le batteur à vitesse moyenne-basse et mixer jusqu'à ce que les ingrédients soient bien combinés, soit environ 30 secondes. Arrêter l'appareil et racler le bol. Continuer de mixer à cette vitesse jusqu'à l'obtention d'une consistance homogène, soit environ 15 secondes. Verser le mélange dans un autre bol. Nettoyer le bol du batteur.

2 Déposer les blancs d'œuf dans le bol du batteur. Augmenter la vitesse à moyenne-élevée et fouetter jusqu'à ce que les blancs d'œuf forment des pics fermes, sans pour autant être secs. Incorporer délicatement les blancs d'œufs au mélange à base de farine.

3 Vaporiser le gaufrier d'aérosol de cuisson antiadhésif. Chauffer le gaufrier conformément aux instructions du fabricant. Y verser environ ⅓ tasse (75 ml) de pâte pour chaque gaufre. Cuire de 3 à 5 minutes ou jusqu'à ce qu'elles soient dorées.

Crêpes

- 1½ tasse (375 ml) de farine tout usage
- 2 c. à thé (10 ml) de levure chimique (poudre à pâte)
- 1 c. à thé (5 ml) de sucre
- ½ c. à thé (2 ml) de sel
- ½ tasse (125 ml) de substitut d'œufs ou 2 œufs
- 1¼ tasse (310 ml) de lait partiellement écrémé (1%)
- 3 c. à soupe (45 ml) de shortening, fondu

Donne 8 crêpes

1 Combiner la farine, la levure chimique, le sucre et le sel dans le bol du batteur sur socle. Ajouter le reste des ingrédients. Actionner le batteur à vitesse moyenne-basse et mixer jusqu'à ce que les ingrédients soient bien combinés, soit environ 30 secondes. Arrêter l'appareil et racler le bol. Continuer de mixer à cette vitesse jusqu'à l'obtention d'une consistance homogène, soit environ 15 secondes.

2 Vaporiser une plaque ou une poêle à frire à fond épais d'aérosol de cuisson antiadhésif. Chauffer la plaque ou la poêle à une intensité moyenne-élevée. Y verser environ ⅓ tasse (75 ml) de pâte pour chaque crêpe. Cuire de 1 à 2 minutes ou jusqu'à ce que des bulles se forment à la surface et que les rebords s'assèchent. Retourner et cuire de 1 à 2 minutes de plus, ou jusqu'à ce qu'elles soient dorées.

Gâteau aux noix de macadamia et aux bleuets

- 1 3/4 tasse (370 ml) de farine tout usage
- 1/2 tasse (125 ml) de farine de blé entier
- 3/4 tasse (175 ml) de cassonade fermement tassée
- 3/4 tasse (175 ml) de beurre refroidi, coupé en petits morceaux
- 1 c. à thé (5 ml) de levure chimique (poudre à pâte)
- 1/2 c. à thé (2 ml) de bicarbonate de sodium
- 1/4 c. à thé (1 ml) de sel
- 3/4 tasse (175 ml) de babeurre
- 1 œuf
- 1 tasse (250 ml) de garniture à tarte aux bleuets
- 3/4 tasse (175 ml) de noix de macadamia ou amandes mondées, hachées

Donne 1 gâteau

1 Déposer la farine tout usage, la farine de blé entier, la cassonade et le beurre dans le bol du batteur sur socle. Actionner le batteur à basse vitesse et mixer jusqu'à ce que les morceaux de beurre atteignent la taille de pois, soit environ 3 minutes. Arrêter l'appareil et racler le bol. Réserver 1/2 tasse (125 ml) du mélange à base de farine. Réserver.

2 Ajouter la levure chimique, le bicarbonate de sodium et le sel au mélange à base de farine. Régler le batteur à basse vitesse et mixer pendant 30 secondes. Ajouter le babeurre et l'œuf. Continuer de mixer à cette vitesse jusqu'à l'obtention d'une consistance humide, soit environ 30 secondes. Ne pas trop battre.

3 Verser la pâte dans un moule de 13 x 9 x 2 (33 x 23 x 5 cm). Déposer la garniture aux bleuets sur la pâte ; torsader dans la pâte. Saupoudrer de noix et du mélange à base de farine réservé. Cuire de 30 à 40 minutes à 350 °F (180 °C) ou jusqu'à ce que le gâteau soit légèrement doré.

Casserole de pain doré aux pommes et à la cannelle

- 1 gros pain français coupé en tranches de 1 ½ po (4 cm)
- 3 ½ tasses (875 ml) lait
- 9 œufs
- 1 ½ tasse (375 ml) sucre, divisé
- 1 c. à soupe (15 ml) de vanille
- ½ c. à thé (2 ml) de sel
- 6 à 8 pommes moyennes pour la cuisson, par exemple, Macintosh ou Cortland, pelées et tranchées
- 1 c. à thé (5 ml) de cannelle moulue
- ½ c. à thé (2 ml) de muscade moulue

Donne 6 à 8 portions

1 Placer les tranches de pain dans un plat allant au four de 13 x 9 po (33 x 23 cm).

2 Dans un grand bol, fouetter le lait, les œufs, 1 tasse (250 ml) de sucre, la vanille et le sel jusqu'à ce qu'ils soient bien mélangés. Verser la moitié du mélange sur le pain

3 Disposer les tranches de pomme sur le pain. Verser l'autre moitié du mélange à base d'œuf sur les pommes.

4 Dans un petit bol, combiner l'autre ½ tasse (125 ml) de sucre, la cannelle et la muscade ; saupoudrer en surface. Couvrir et réfrigérer jusqu'au lendemain.

5 Préchauffer le four à 350 °F (180 °C). Cuire à découvert pendant 1 heure ou jusqu'à ce que les œufs soient cuits.

Crêpe renversée aux pêches et aux pacanes

- 2 c. à soupe (30 ml) de beurre, fondu
- 2 c. à soupe (30 ml) de cassonade pâle tassée
- 1 c. à soupe (15 ml) de sirop d'érable
- ½ paquet (1 lb/450 g) de tranches de pêches surgelées non sucrées, décongelées
- 2 à 3 c. à soupe (30 à 45 ml) morceaux de pacanes
- 2 œufs
- ⅓ tasse (75 ml) de lait
- ½ c. à thé (2 ml) de vanille
- ⅔ tasse (150 ml) de mélange à biscuits
- Sirop d'érable additionnel (facultatif)

Donne 6 portions

1 Préchauffer le four à 400 °F (200 °C). Vaporiser une assiette à tarte de 8 ou 9 po (20 ou 22 cm) d'aérosol de cuisson antiadhésif.

2 Verser le beurre dans l'assiette à tarte. Saupoudrer la cassonade et verser le sirop d'érable. Disposer les tranches de pêches en une seule couche, en créant un cercle décoratif. Saupoudrer des pacanes ; réserver.

3 Dans un bol moyen, fouetter ensemble les œufs, le lait et la vanille. Incorporer le mélange à biscuits jusqu'à ce que la consistance soit homogène. Verser la pâte sur les pêches. Cuire de 15 à 18 minutes, jusqu'à ce que la pâte soit légèrement dorée et ferme au toucher. Sortir du four. Laisser refroidir pendant 1 minute. Décoller le contour à l'aide d'un couteau. Renverser la crêpe dans une assiette. Servir immédiatement, nappée de sirop d'érable.

Gâteau aux carottes *(recette à la page 86)*

Gâteaux

Si vous faites partie de ces gens pour qui les gâteaux sont une bénédiction de la vie, cette série de recettes de gâteaux et de glaçages pourrait changer votre vie !

Bientôt, vous maîtriserez de grands classiques éprouvés comme le gâteau aux carottes avec son riche glaçage au fromage à la crème, et pourrez tester de nouvelles idées comme les petits gâteaux au fudge et au cappucino. Vos créations sucrées feront de chaque journée une grande célébration !

Gâteau aux carottes

(photo à la page 84)

- 6 œufs
- 1½ tasse (375 ml) de beurre, fondu
- 3 tasses (750 ml) de farine tout usage
- 2 tasses (500 ml) de sucre
- 2 c. à thé (10 ml) de levure chimique (poudre à pâte)
- ½ c. à thé (2 ml) de sel
- 1½ c. à thé (7 ml) de cannelle moulue
- 3 tasses (750 ml) de carottes, finement râpées
- ¾ tasse (175 ml) de noix de Grenoble, hachées
- Glaçage au fromage à la crème (recette ci-dessous)

Donne 1 gâteau

1 Verser les œufs et le beurre dans le bol du batteur sur socle. Actionner à vitesse moyenne et battre pendant 1 minute. Arrêter l'appareil et racler le bol. Ajouter la farine, le sucre, la levure chimique, le sel et la cannelle. Régler à basse vitesse et battre pendant 30 secondes ou jusqu'à ce que les ingrédients soient bien combinés. Pendant que le batteur tourne à basse vitesse, incorporer rapidement (environ 10 secondes) les carottes et les noix.

2 Séparer la pâte dans 2 moules à charnières de 8 po (22 cm) graissés et enfarinés. Cuire au four à 350 °F (180 °C) de 55 à 60 minutes. Les gâteaux seront très humides. Il est donc inutile de vérifier le degré de cuisson en y insérant un cure-dents. Retirer les gâteaux du four à la fin de la période de cuisson. Laisser refroidir dans les moules pendant une dizaine de minutes. Les retirer ensuite puis les laisser refroidir sur des grilles. Étendre le glaçage au fromage à la crème entre les deux gâteaux avant de les superposer, et sur le dessus.

Glaçage au fromage à la crème

Donne 3 tasses (750 ml)

- **4 paquets (3 oz ou 90 g chacun) de fromage à la crème ramolli**
- **½ tasse (125 ml) de beurre ramolli**
- **2 c. à thé (10 ml) de vanille**
- **2½ tasses (625 ml) de sucre en poudre**

1 Déposer le fromage à la crème, le beurre et la vanille dans le bol du batteur sur socle. Actionner à vitesse moyenne et battre pendant 2 minutes. Arrêter l'appareil et racler le bol.

2 Tamiser le sucre en poudre dans le bol. Régler à basse vitesse et mixer pendant 30 secondes ou jusqu'à ce que les ingrédients soient bien combinés. Arrêter l'appareil et racler le bol. Actionner à vitesse moyenne et battre pendant 2 minutes. Réfrigérer jusqu'au moment d'utiliser.

Glaçage crémeux au caramel

- ½ tasse (125 ml) de beurre
- 1 tasse (250 ml) de cassonade bien tassée
- ¼ tasse (60 ml) de lait partiellement écrémé (1 %)
- 1 tasse (250 ml) de guimauves miniatures
- 2 tasses (500 ml) de sucre en poudre
- ½ c. à thé (2 ml) de vanille

Glaçage pour 2 couches ou un gâteau de 13 x 9 x 2 (33 x 23 x 5 cm)

1 Faire fondre le beurre dans une casserole moyenne. Ajouter la cassonade et le lait ; remuer pour bien combiner. Chauffer jusqu'à ébullition. Cuire pendant 1 minute en remuant sans arrêt. Retirer du feu. Ajouter les guimauves. Remuer jusqu'à ce que les guimauves soient fondues et le mélange uniforme.

2 Verser le sucre en poudre dans le bol du batteur sur socle. Ajouter le mélange à base de cassonade et la vanille. Régler à basse vitesse et mixer pendant environ 30 secondes. Régler à vitesse moyenne et battre pendant 1 minute ou jusqu'à ce que le mélange soit homogène et crémeux. Étendre sur le gâteau pendant qu'il est tiède ; le glaçage durcira une fois refroidi.

Gâteau au chocolat classique

- 2 tasses (500 ml) de farine tout usage
- 1 1/3 tasse (325 ml) de sucre
- 1 c. à thé (5 ml) de levure chimique (poudre à pâte)
- 1/2 c. à thé (2 ml) de bicarbonate de sodium
- 1/2 c. à thé (2 ml) de sel
- 1/2 tasse (125 ml) de shortening
- 1 tasse (250 ml) de lait partiellement écrémé (1%)
- 1 c. à thé (5 ml) de vanille
- 2 œufs
- 2 carrés (1 oz ou 30 g chacun) de chocolat non sucré, fondu

Donne 1 gâteau

1 Combiner les ingrédients secs dans le bol du batteur sur socle. Ajouter le shortening, le lait et la vanille. Actionner le batteur à basse vitesse et mixer pendant environ 1 minute. Arrêter l'appareil et racler le bol. Ajouter les œufs et le chocolat. Toujours à basse vitesse, mixer pendant environ 30 secondes. Arrêter l'appareil et racler le bol. Actionner à vitesse moyenne et battre pendant environ 1 minute.

2 Verser la pâte dans 2 moules ronds de 8 ou 9 po (20 à 23 cm) graissés et enfarinés. Cuire à 350 °F (180 °C) de 30 à 35 minutes ou jusqu'à ce qu'un cure-dents inséré au centre en ressorte propre. Laisser refroidir pendant 10 minutes. Retirer des moules. Laisser refroidir complètement sur des grilles. Glacer au goût.

Gâteau allemand au chocolat

- ½ tasse (125 ml) d'eau chaude
- 4 carrés (1 oz ou 30 g chacun) de chocolat semi-sucré
- 1 tasse (250 ml) de beurre ramolli
- 2 tasses (500 ml) de sucre
- 4 œufs
- 2¼ tasses (560 ml) de farine tout usage
- 1 c. à thé (5 ml) de bicarbonate de sodium
- ½ c. à thé (2 ml) de sel
- 1 tasse (250 ml) de babeurre
- 1 c. à thé (5 ml) de vanille
- Glaçage aux pacanes et à la noix de coco (recette ci-dessous)

Donne 1 gâteau

1 Verser l'eau et le chocolat dans un bain-marie. Remuer le chocolat sans arrêt au-dessus de l'eau bouillante jusqu'à ce qu'il fonde ; réserver.

2 Battre le beurre et le sucre dans le bol du batteur sur socle pendant environ 2 minutes ou jusqu'à l'obtention d'une consistance légère. Arrêter l'appareil et racler le bol. Actionner l'appareil à vitesse moyenne, ajouter les œufs, un à la fois, et battre pendant environ 15 secondes après chaque ajout. Tout en continuant de battre à vitesse moyenne, ajouter le mélange au chocolat et battre pendant 15 secondes de plus ou jusqu'à ce qu'il soit bien incorporé. Arrêter l'appareil et racler le bol.

3 Ajouter la farine, le bicarbonate de sodium, le sel, le babeurre et la vanille. Actionner le batteur à basse vitesse et mixer jusqu'à homogénéité, soit pendant environ 30 secondes.

4 Séparer la pâte uniformément dans 2 moules de 9 po (22 cm) graissés et enfarinés. Cuire au four à 350 °F (180 °C) de 35 à 45 minutes. Laisser refroidir dans les moules pendant une dizaine de minutes. Les retirer ensuite les laisser refroidir sur des grilles. Étendre le glaçage au centre des deux gâteaux et sur le dessus du gâteau.

Glaçage aux pacanes et à la noix de coco

Donne 3 tasses (750 ml)

- **1 tasse (250 ml) de sucre**
- **¾ tasse (175 ml) de lait évaporé**
- **3 œufs, battus**
- **⅓ tasse (75 ml) de beurre**
- **1 tasse (250 ml) de flocons de noix de coco sucrés**
- **1 tasse (250 ml) de pacanes, hachées**

1 Dans une grande casserole, combiner le sucre, le lait évaporé, les œufs et le beurre. Cuire et mélanger à feu de moyenne intensité jusqu'à ce que le mélange commence à épaissir.

2 Retirer du feu et verser dans le bol du batteur sur socle. Ajouter la noix de coco et les pacanes. Mixer à basse vitesse jusqu'à ce que le mélange soit assez épais pour être tartiné. Réfrigérer jusqu'au moment d'utiliser.

Gâteau au fromage marbré

- 1 tasse (250 ml) de miettes de biscuits graham
- ¼ tasse (60 ml) de cassonade foncée tassée
- 3 c. à soupe (45 ml) de beurre, fondu
- 4 paquets (8 oz ou 225 g chacun) de fromage à la crème ramolli
- 2 c. à thé (10 ml) de vanille
- 1¾ tasse (425 ml) de sucre granulé
- 4 œufs
- 2 carrés (1 oz ou 30 g chacun) de chocolat non sucré, fondu

Donne 1 gâteau au fromage

1 Dans un bol, mélanger ensemble les miettes de biscuits graham, la cassonade et le beurre. Écraser le mélange au fond d'un moule à charnière de 9 po (22 cm).

2 Battre le fromage à la crème, la vanille et le sucre dans le bol du batteur sur socle pendant environ 2 minutes, à vitesse moyenne-élevée, ou jusqu'à l'obtention d'une consistance légère. Arrêter l'appareil et racler le bol. Actionner l'appareil à basse vitesse, ajouter les œufs, un à la fois, et mixer pendant environ 15 secondes après chaque ajout. Arrêter l'appareil et racler le bol. Actionner à vitesse moyenne et battre pendant 30 secondes.

3 Verser ⅓ du mélange à base de fromage à la crème dans un petit bol. Ajouter le chocolat et bien mélanger. Déposer le chocolat et la pâte dans le moule préparé. Créer des tourbillons à l'aide d'un couteau. Cuire au four à 325 °F (160 °C) pendant 1 h 30. Refroidir sur une grille métallique pendant 30 minutes, puis réfrigérer pendant au moins 2 heures.

Gâteau des Anges

- 1 1/4 tasse (310 ml) de farine tout usage
- 1 1/2 tasse (375 ml) de sucre, divisé
- 1 1/2 tasse (375 ml) de blancs d'œufs (environ 12 à 15 blancs d'œufs)
- 1 1/2 c. à thé (7 ml) de crème de tartre
- 1/4 c. à thé (1 ml) de sel
- 1 1/2 c. à thé (7 ml) d'essence de vanille ou 1/2 c. à thé (2 ml) d'essence d'amande

Donne 16 portions

1 Dans un petit bol, mélanger la farine et 1/2 tasse (125 ml) de sucre. Réserver. Déposer les blancs d'œufs dans le bol du batteur sur socle. Augmenter progressivement la vitesse pour atteindre une vitesse moyenne et fouetter les blancs d'œufs jusqu'à ce qu'ils moussent, soit environ de 30 à 60 secondes.

2 Ajouter la crème de tartre, le sel et la vanille. Régler à vitesse moyenne-élevée et fouetter jusqu'à ce que les blancs soient presque fermes, mais pas secs, soit environ de 2 à 2 1/2 minutes. Réduire à basse vitesse. Ajouter progressivement l'autre tasse (250 ml) de sucre et mixer pendant environ 1 minute. Arrêter l'appareil et racler le bol. Retirer le bol du batteur. Incorporer le mélange farine/sucre aux blancs d'œufs à la cuillère, 1/4 tasse (60 ml) à la fois. Incorporer délicatement à l'aide d'une spatule jusqu'à ce que le tout soit bien mélangé.

3 Verser la pâte dans un moule à cheminée de 10 po (25 cm). À l'aide d'un couteau, pratiquer des incisions dans la pâte pour crever les grosses bulles d'air. Cuire à 375 °F (190 °C) jusqu'à ce que la croûte soit dorée et que les fissures soient très sèches, soit environ 35 minutes. Renverser immédiatement le gâteau sur un entonnoir ou sur une bouteille de boisson gazeuse. Laisser refroidir complètement. Retirer du moule.

Gâteau jaune rapide

- 2 1/4 tasses (560 ml) de farine tout usage
- 1 1/3 tasse (325 ml) de sucre
- 1 c. à soupe (15 ml) de levure chimique (poudre à pâte)
- 1/2 c. à thé (2 ml) de sel
- 1/2 tasse (125 ml) de shortening
- 1 tasse (250 ml) de lait partiellement écrémé (1%)
- 1 c. à thé (5 ml) de vanille
- 2 œufs

Donne 1 gâteau

1 Combiner les ingrédients secs dans le bol du batteur sur socle. Ajouter le shortening, le lait et la vanille. Actionner le batteur à basse vitesse et mixer pendant environ 1 minute. Arrêter l'appareil et racler le bol. Ajouter les œufs. Toujours à basse vitesse, mixer pendant environ 30 secondes. Arrêter l'appareil et racler le bol. Augmenter à vitesse moyenne pendant 1 minute.

2 Verser la pâte dans 2 moules ronds de 8 ou 9 po (20 à 23 cm) graissés et enfarinés. Cuire à 350 °F (180 °C) de 30 à 35 minutes ou jusqu'à ce qu'un cure-dents inséré au centre en ressorte propre. Laisser refroidir pendant 10 minutes. Retirer des moules. Laisser refroidir complètement sur des grilles. Glacer au goût.

Gâteaux au fudge et au capuccino

- ½ tasse (125 ml) de beurre ramolli
- 1½ tasse (375 ml) de sucre
- 3 œufs
- 1 c. à soupe (15 ml) plus 2 c. à soupe (30 ml) de granules d'expresso ou de café instantané
- ¾ tasse (175 ml) de lait
- 1¾ tasse (425 ml) de farine tout usage
- 1½ c. à thé (7 ml) de levure chimique (poudre à pâte)
- ¼ c. à thé (1 ml) de sel
- Crème au café (recette ci-dessous)
- Sauce au fudge (recette plus bas)

Donne 8 petits gâteaux

1 Battre le beurre dans le bol du batteur sur socle, à vitesse moyenne-élevée, jusqu'à l'obtention d'une consistance crémeuse. Ajouter progressivement le sucre pendant que le batteur tourne et battre pendant 3 minutes ou jusqu'à l'obtention d'une consistance légère et moelleuse. Actionner l'appareil à vitesse moyenne, ajouter les œufs, un à la fois, et battre pendant environ 30 secondes après chaque ajout. Arrêter l'appareil et racler le bol. Dissoudre les grains d'expresso instantané dans le lait. Réserver.

2 Dans un bol, combiner la farine, la levure chimique et le sel. Actionner le batteur à basse vitesse et ajouter un tiers du mélange à base de farine en alternant avec la moitié du mélange à base de lait, et en mixant 15 secondes après chaque ajout.

3 Diviser la pâte dans 8 ramequins graissés et enfarinés. Déposer les ramequins sur une plaque à pâtisserie. Cuire à 350 °F (180 °C) de 30 à 35 minutes ou jusqu'à ce qu'un cure-dents inséré au centre en ressorte propre. Retirer les petits gâteaux des ramequins et les laisser refroidir sur une grille. Garnir de crème au café et servir avec la sauce au fudge.

Crème au café

Donne environ 2½ tasses (625 ml)

- **1½ tasse (375 ml) de crème épaisse**
- **¼ tasse (60 ml) de sucre**
- **1½ c. à thé (7 ml) de granules d'expresso ou de café instantané**

Dans le bol du batteur sur socle, battre à vitesse élevée la crème, le sucre et le café instantané jusqu'à l'obtention d'une consistance ferme.

Sauce au fudge

- **4 carrés (1 oz ou 30 g chacun) de chocolat semi-sucré**
- **½ tasse (125 ml) de crème à fouetter**
- **½ c. à thé (2 ml) de cannelle moulue**

Dans une petite casserole, verser le chocolat, la crème et la cannelle. Cuire à feu bas en remuant jusqu'à ce que le chocolat soit fondu et que le mélange soit bien combiné.

Gâteau au fromage à la citrouille
avec croûte de biscuits secs au gingembre et aux pacanes

Croûte

- 1¼ tasse (310 ml) de biscuits secs au gingembre émiettés (environ 24 biscuits)
- ⅓ tasse (75 ml) de pacanes, finement hachées
- ¼ tasse (60 ml) de sucre granulé
- ¼ tasse (60 ml) de beurre fondu

Garniture

- 3 paquets (8 oz ou 225 g chacun) de fromage à la crème ramolli
- 1 tasse (250 ml) de cassonade pâle bien tassée
- 1 c. à thé (5 ml) de cannelle moulue
- ½ c. à thé (2 ml) de gingembre moulu
- ¼ c. à thé (2 ml) de muscade moulue
- 2 œufs
- 2 jaunes d'œufs
- 1 tasse (250 ml) de citrouille bien tassée

ASTUCE

Pour éviter que le gâteau au fromage ne se fissure pendant la cuisson, déposer un plat rempli d'eau dans le four pour créer une chaleur plus humide

Donne 10 à 12 portions

1 Préchauffer le four à 350 °F (180 °C). Pour préparer la croûte, combiner, dans un bol moyen, les miettes de biscuits, les pacanes, le sucre et le beurre ; bien mélanger. Écraser le mélange à base de miettes de biscuits uniformément au fond d'un moule à charnière non graissé de 9 po (22 cm). Cuire de 8 à 10 minutes ou jusqu'à ce que la croûte soit dorée.

2 Pendant ce temps, pour préparer la garniture, battre à vitesse moyenne le fromage à la crème dans le bol du batteur sur socle, jusqu'à ce qu'il ait une consistance légère. Ajouter la cassonade, la cannelle, le gingembre et la muscade ; battre jusqu'à ce que le tout soit bien mélangé. Incorporer les œufs et les jaunes d'œufs, un à la fois, en battant bien après chaque ajout. Incorporer la citrouille.

3 Verser le mélange sur la croûte cuite. Cuire pendant 1 heure ou jusqu'à ce que les rebords soient cuits mais que le centre soit toujours humide. Éteindre le four ; laisser le gâteau au fromage au four avec la porte ouverte pendant 30 minutes. Déposer sur une grille. Pour empêcher le gâteau de se fissurer, décoller les rebords du gâteau des côtés du moule à l'aide d'une fine spatule de métal ; laisser refroidir complètement. Couvrir ; réfrigérer pendant au moins 24 heures et pendant un maximum de 48 heures avant de servir.

Gâteau blanc facile

- 2 tasses (500 ml) de farine tout usage
- 1½ tasse (375 ml) de sucre
- 1 c. à soupe (15 ml) de levure chimique (poudre à pâte)
- ½ c. à thé (2 ml) de sel
- ½ tasse (125 ml) de shortening
- 1 tasse (250 ml) de lait partiellement écrémé (1%)
- 1 c. à thé (5 ml) de vanille
- 4 blancs d'œufs

Donne 1 gâteau

1 Combiner les ingrédients secs dans le bol du batteur sur socle. Ajouter le shortening, le lait et la vanille. Actionner le batteur à basse vitesse et mixer pendant environ 1 minute. Arrêter l'appareil et racler le bol. Ajouter les blancs d'œufs. Régler à vitesse moyenne et battre pendant 1 minute ou jusqu'à ce que le mélange soit homogène et léger.

2 Verser la pâte dans 2 moules ronds de 8 ou 9 po (20 à 23 cm) graissés et enfarinés. Cuire à 350 °F (180 °C) de 30 à 35 minutes ou jusqu'à ce qu'un cure-dents inséré au centre en ressorte propre. Laisser refroidir pendant 10 minutes. Retirer des moules. Laisser refroidir complètement sur des grilles. Glacer au goût.

Glaçage à la crème au beurre

- ¾ tasse (175 ml) de beurre, ramolli
- 2 tasses (500 ml) de sucre en poudre
- 1½ c. à thé (7 ml) de vanille

Donne suffisamment de glaçage pour 2 couches ou un gâteau de 13 x 9 x 2 po (33 x 23 x 5 cm)

1 Déposer le beurre dans le bol du batteur sur socle. Actionner à vitesse moyenne et battre pendant 30 secondes. Arrêter l'appareil et racler le bol.

2 Tamiser le sucre en poudre dans le bol. Ajouter la vanille. Régler à vitesse basse et battre pendant 30 secondes. Arrêter l'appareil et racler le bol. Régler à vitesse moyenne et battre pendant 2 minutes ou jusqu'à ce que le mélange soit léger.

Glaçage au chocolat

- 1 tasse (250 ml) de beurre ramolli
- 2 c. à soupe (30 ml) de sirop de maïs léger
- 4 tasses (1 l) de sucre en poudre
- 2 carrés (1 oz ou 30 g chacun) de chocolat non sucré fondu

Donne suffisamment de glaçage pour 2 couches ou un gâteau de 13 x 9 x 2 po (33 x 23 x 5 cm).

1 Déposer le beurre dans le bol du batteur sur socle. Régler à vitesse moyenne-basse et battre pendant 90 secondes ou jusqu'à ce que le mélange soit crémeux. Arrêter l'appareil et racler le bol. Ajouter le sirop de maïs. Régler à basse vitesse et bien mélanger. Arrêter l'appareil et racler le bol.

2 Poursuivre le mixage à basse vitesse. Ajouter progressivement le sucre en poudre ; mixer jusqu'à l'obtention d'un mélange homogène. Actionner le mélangeur à une vitesse moyenne-basse et battre pendant environ 1 minute. Arrêter l'appareil et racler le bol. Réduire à basse vitesse. Ajouter lentement le chocolat fondu et mixer pendant environ 1 minute 30 secondes. Arrêter l'appareil et racler le bol. Actionner le mélangeur à une vitesse moyenne-basse et battre pendant environ 1 minute.

Gâteau Bundt à la crème sure

- 3 tasses (750 ml) de farine tout usage
- ½ c. à thé (2 ml) de sel
- 1 c. à soupe (15 ml) de levure chimique (poudre à pâte)
- 1 c. à thé (5 ml) de bicarbonate de sodium
- 1½ tasse (375 ml) de sucre
- 1 c. à thé (5 ml) de cannelle moulue
- 1 tasse (250 ml) de beurre, ramolli
- 1 tasse (250 ml) de crème sure
- 1 c. à thé (5 ml) de vanille
- 3 œufs
- 1 tasse (250 ml) de noix, hachées

Donne 1 gâteau

1 Tamiser la farine, le sel, la levure chimique, le bicarbonate de sodium, le sucre et la cannelle dans le bol du batteur sur socle. Ajouter le beurre, la crème sure et la vanille. Actionner le batteur à basse vitesse et mixer jusqu'à ce que les ingrédients soient bien combinés, soit environ 30 secondes. Arrêter l'appareil et racler le bol. Actionner à vitesse moyenne-basse et battre pendant 1 minute 30 secondes. Arrêter l'appareil et racler le bol.

2 Actionner l'appareil à basse vitesse, ajouter les œufs, un à la fois, et mixer pendant environ 15 secondes après chaque ajout. Actionner à vitesse moyenne-basse et battre pendant 30 secondes. Régler à basse vitesse et ajouter rapidement les noix ; mixer pendant environ 15 secondes.

3 Verser le mélange dans un moule à cheminée de 10 po (25 cm) graissé et enfariné. Cuire au four à 350 °F (180 °C) de 60 à 65 minutes. Laisser refroidir dans le moule pendant 10 minutes. Le retirer ensuite puis refroidir sur une grille.

Roulé double citron

Gâteau

- 4 œufs
- 3/4 tasse (175 ml) de sucre granulé
- 1/4 tasse (60 ml) d'eau
- 1/2 c. à thé (2 ml) de vanille
- 1/2 c. à thé (2 ml) d'extrait de citron
- 2/3 tasse (150 ml) de farine tout usage
- 1 c. à thé (5 ml) de levure chimique (poudre à pâte)
- 1/4 c. à thé (1 ml) de sel

Garniture au citron

- 1 paquet (8 oz ou 225 g) de fromage à la crème léger ramolli
- 1 tasse (250 ml) de sucre en poudre
- 1 c. à soupe (15 ml) de jus de citron
- 2 c. à thé (10 ml) de zeste de citron, râpé

Donne 10 portions (1 tranche de 1 po (2,5 cm) par personne)

1 Pour préparer le gâteau, battre les œufs dans le bol du batteur sur socle à vitesse élevée pendant environ 3 minutes ou jusqu'à ce que le mélange soit très épais et ait la couleur du citron. Continuer de mixer à haute vitesse et ajouter progressivement le sucre ; battre pendant environ 1 minute. Arrêter l'appareil et racler le bol.

2 Ajouter l'eau, la vanille et l'extrait de citron. Actionner à vitesse moyenne et battre pendant environ 30 secondes. Continuer de battre à vitesse moyenne et ajouter progressivement la farine, la levure chimique et le sel. Battre pendant environ 30 secondes ou jusqu'à ce que le mélange soit homogène.

3 Recouvrir un moule de 15½ x 10½ x 1 po (38 x 26 x 2 cm) de papier ciré, de papier d'aluminium ou de papier parchemin. Bien graisser. Verser la pâte dans le moule. Bien l'étendre jusque dans les coins. Cuire à 375 °F (190 °C) de 11 à 13 minutes ou jusqu'à ce qu'un cure-dents inséré au centre en ressorte propre. Sortir du four et démouler immédiatement sur un linge saupoudré de sucre en poudre. Retirer le papier. Rouler le gâteau et le linge ensemble, en commençant par le côté le plus étroit. Laisser refroidir complètement sur une grille.

4 Pendant ce temps, préparer la garniture au citron en battant ensemble tous les ingrédients dans le bol du batteur sur socle pendant environ 90 secondes, ou jusqu'à ce qu'ils soient bien mélangés.

5 Lorsque le gâteau est complètement refroidi, le dérouler et le tartiner de garniture au citron. Rouler à nouveau et saupoudrer de sucre en poudre. Servir immédiatement.

Quatre-quarts double chocolat

Quatre-quarts

- 3 tasses (750 ml) de farine tout usage
- 2 tasses (500 ml) de sucre granulé
- ½ tasse (125 ml) de poudre de cacao non sucrée
- 1 c. à soupe (15 ml) de levure chimique (poudre à pâte)
- ½ c. à thé (2 ml) de sel
- 1 tasse (250 ml) de beurre, ramolli
- 1¼ tasse (310 ml) de lait partiellement écrémé (1%)
- 1 c. à thé (5 ml) de vanille
- 5 œufs

Glaçage au chocolat

- 2 carrés (1 oz ou 30 g chacun) de chocolat non sucré
- 3 c. à soupe (45 ml) de beurre
- 1 tasse (250 ml) de sucre en poudre
- ¾ c. à thé (4 ml) de vanille
- 2 c. à soupe (30 ml) d'eau chaude

Donne 16 portions

1 Combiner les ingrédients secs dans le bol du batteur sur socle. Ajouter le beurre, le lait et la vanille. Actionner le batteur à basse vitesse et mixer pendant environ 1 minute. Arrêter l'appareil et racler le bol. Augmenter à vitesse moyenne et battre pendant environ 2 minutes. Arrêter l'appareil et racler le bol. Actionner l'appareil à basse vitesse, ajouter les œufs, un à la fois, et mixer pendant environ 15 secondes après chaque ajout. Actionner à vitesse moyenne-basse et battre pendant environ 30 secondes.

2 Verser le mélange dans un moule à cheminée de 10 po (25 cm) graissé et enfariné. Cuire à 325 °F (160 °C) pendant 1 heure 20 minutes ou jusqu'à ce qu'un cure-dents inséré au centre en ressorte propre. Laisser refroidir complètement sur une grille. Démouler.

3 Pour préparer le glaçage au chocolat, faire fondre le chocolat et le beurre, à feu doux, dans une petite casserole. Retirer du feu. Incorporer le sucre en poudre et la vanille. Incorporer l'eau, 1 c. à thé (5 ml) à la fois, jusqu'à ce que le glaçage ait la consistance désirée. Étendre le glaçage au chocolat sur le gâteau.

Gâteau mousseline à l'orange

- 2 1/4 tasses (560 ml) de farine à gâteau
- 1 1/2 tasse (375 ml) de sucre
- 1 c. à soupe (15 ml) levure chimique (poudre à pâte)
- 1 c. à thé (5 ml) de sel
- 1/2 tasse (125 ml) d'huile végétale
- 5 jaunes d'œufs, à la température ambiante
- 3 c. à soupe (45 ml) de zeste d'orange, râpé
- 3/4 tasse (175 ml) de jus d'orange
- 8 blancs d'œufs, à la température ambiante
- 1/2 c. à thé (2 ml) de crème de tartre
- Glaçage à l'orange (recette plus bas)

ASTUCE

Coupez les gâteaux des anges, les gâteaux éponge ou les gâteaux mousseline avec un long couteau dentelé en un délicat mouvement de sciage ; vous pouvez aussi utiliser un coupe-gâteau.

Donne 1 gâteau

1 Tamiser la farine, le sucre, la levure chimique et le sel dans le bol du batteur sur socle. Former un puits au centre et ajouter l'huile, les jaunes d'œufs et le zeste d'orange. Mixer à basse vitesse jusqu'à ce que les ingrédients soient humectés. Arrêter l'appareil et racler le bol. Ajouter le jus d'orange et battre à vitesse moyenne/élevée pendant 1 minute. Réserver.

2 Verser les blancs d'œufs et la crème de tartre dans un grand bol propre et sec. Battre à vitesse élevée jusqu'à ce qu'ils soient asséchés. Incorporer la pâte aux blancs d'œufs jusqu'à ce qu'ils soient tout juste combinés.

3 Verser la pâte dans un moule à cheminée non graissé de 10 po (25 cm). Cuire au four à 325 °F (160 °C) pendant 55 minutes. Régler le four à 350 °F (180 °C) et cuire pendant 10 minutes de plus ou jusqu'à ce qu'un cure-dents inséré au centre du gâteau en ressorte propre. Sortir le gâteau du four et le renverser pour qu'il refroidisse.

4 Pour le démouler, le détacher délicatement à l'aide d'une fine lame de couteau. Déposer sur une grande assiette et napper de glaçage à l'orange.

Glaçage à l'orange

Donne environ 1/2 tasse

- **1/2 tasse (125 ml) de jus d'orange**
- **4 à 5 c. à soupe (60 à 75 ml) de sucre**

Verser le jus d'orange et le sucre dans une petite casserole. Porter à ébullition à feu moyen et remuer jusqu'à ce que le mélange ait légèrement épaissi. Retirer du feu et laisser refroidir.

Sablés aux brisures de chocolat, glaçage au thé Earl Grey *(recette à la page 108)*

Biscuits, barres, et bonbons

Il existe des moments dans la vie où rien ne peut remplacer quelques biscuits chauds à peine sortis du four et un grand verre de lait bien froid.

Les recettes qui suivent vous aideront non seulement à maîtriser des classiques, mais elles vous permettront également d'enrichir votre répertoire de brownies, biscuits et autres sucreries alléchantes.

Sablés aux brisures de chocolat, glaçage au thé Earl Grey

(photo à la page 106)

- 1 tasse (250 ml) de beurre non salé
- ½ tasse (125 ml) de sucre
- 1 c. à thé (5 ml) de zeste d'orange, râpé
- 2 tasses (500 ml) de farine tout usage
- ¼ c. à thé (1 ml) de fécule de maïs
- ¼ c. à thé (1 ml) de sel
- ½ tasse (125 ml) de brisures de chocolat
- Glaçage au thé Earl Grey (recette plus bas)

ASTUCE

Pour plus de saveur, utilisez du beurre non salé pour le glaçage. Ainsi, les arômes de chocolat, d'orange et de thé ressortiront davantage.

Donne 32 sablés

1 Préchauffer le four à 300 °F (150 °C). Dans le bol du batteur sur socle, mélanger le beurre, le sucre et le zeste d'orange à basse vitesse jusqu'à ce qu'ils soient bien combinés. Tout en continuant de battre à basse vitesse, incorporer progressivement la farine, la fécule de maïs et le sel. Une fois la pâte formée, incorporer les brisures de chocolat.

2 Rouler la pâte en un rectangle de ¼ po (5 mm) d'épaisseur, sur une surface légèrement enfarinée. Couper la pâte, dans le sens de la longueur, en 4 lanières et, en diagonale, en 8 lanières. Déposer les sablés sur une plaque non graissée, à environ 1 po (2,5 cm) de distance.

3 Cuire de 25 à 30 minutes ou jusqu'à ce que le dessous des sablés commence à dorer. Laisser refroidir pendant 5 minutes. Retirer de la plaque ; laisser complètement refroidir sur une grille. Préparer le glaçage au thé Earl Grey. Étendre sur les sablés

Glaçage au thé Earl Grey

Donne ⅓ tasse (75 ml) ou suffisamment de glaçage pour 32 sablés.

- ¼ tasse (60 ml) d'eau bouillante
- 3 sachets de thé Earl Grey
- 1 tasse (250 ml) de sucre en poudre
- 1 c. à soupe (15 ml) de beurre ramolli

Verser l'eau bouillante sur les sachets de thé ; laisser infuser de 3 à 5 minutes. Retirer les sachets de thé.

Dans un petit bol, mélanger ensemble le sucre en poudre et le beurre. Incorporer progressivement une quantité suffisante de thé pour créer un glaçage suffisamment liquide pour en napper les sablés.

Barres aux brisures de chocolat

- ½ tasse (125 ml) plus 2 c. à soupe (30 ml) de beurre
- 2 tasses (500 ml) de cassonade bien tassée
- 2 œufs
- 1½ c. à thé (7 ml) de vanille
- 2 tasses (500 ml) de farine tout usage
- 1½ c. à thé (7 ml) de levure chimique (poudre à pâte)
- ½ c. à thé (2 ml) de sel
- ½ tasse (125 ml) de noix de Grenoble, hachées
- ¼ tasse (60 ml) de brisures de chocolat mi-sucré

Donne 24 barres

1 Préchauffer le four à 350 °F (180 °C). Graisser et enfariner un moule de 13 x 9 x 2 po (33 x 23 x 5 cm). Déposer le beurre, la cassonade, les œufs et la vanille dans le bol du batteur sur socle. Actionner le batteur à vitesse moyenne-basse et mixer pendant 1 minute. Arrêter l'appareil et racler le bol.

2 Ajouter la farine, la levure chimique et le sel. Régler à basse vitesse et mixer pendant 15 secondes. Arrêter l'appareil et racler le bol. Tout en continuant de mixer à basse vitesse, ajouter les noix et les brisures de chocolat, et mixer jusqu'à l'obtention d'une consistance homogène.

3 Écraser la pâte dans le moule préparé. Cuire de 20 à 25 minutes. Laisser refroidir dans le moule, puis couper en barres de 3 x 1,5 po (7 x 4 cm).

Barres à la noix de coco et au citron

- 2 tasses (500 ml) de gaufrettes à la vanille émiettées
- 6 c. à soupe (90 ml) de beurre fondu
- 1 paquet (8 oz ou 225 g) de fromage à la crème ramolli
- 1 c. à soupe (15 ml) de zeste de citron
- 3 c. à soupe (45 ml) de jus de lime
- 1 œuf
- 1 tasse (environ 6 oz ou 180 g) de brisures de chocolat blanc
- 1 tasse (250 ml) de flocons de noix de coco sucrés
- ½ tasse (125 ml) de noix de macadamia, hachées

Donne 32 barres

1 Préchauffer le four à 350 °F (180 °C). Dans un bol de format moyen, mélanger les gaufrettes émiettées et le beurre. Comprimer fermement le mélange au fond d'un moule de 13 x 9 po (33 x 23 cm).

2 Dans le bol du batteur sur socle, déposer le fromage à la crème, le zeste de citron, le jus de citron et l'œuf. Battre à vitesse moyenne-basse jusqu'à l'obtention d'une consistance homogène. Étendre uniformément sur le mélange à base de miettes de gaufrettes.

3 Ajouter une couche uniforme de brisures de chocolat, de noix de coco et de noix ; écraser fermement à l'aide d'une fourchette.

4 Cuire de 25 à 30 minutes ou jusqu'à ce que la surface soit légèrement dorée. Laisser refroidir complètement. Couper en 4 lanières, puis recouper en 8 morceaux. Couvrir ; réfrigérer jusqu'au moment de servir.

Biscuits aux morceaux de chocolat et de noix de macadamia

- 1 tasse (250 ml) de beurre ramolli
- 1 tasse (250 ml) de cassonade fermement tassée
- 3/4 tasse (175 ml) de sucre granulé
- 2 œufs
- 2 c. à thé (10 ml) de vanille
- 2 1/2 tasses (625 ml) de farine tout usage, divisée
- 1/2 tasse (125 ml) de poudre de cacao non sucrée
- 1 c. à thé (5 ml) de levure chimique (poudre à pâte)
- 1/2 c. à thé (2 ml) de sel
- 1 paquet (8 oz ou 225 g) de chocolat à cuire semi-sucré, coupé en petits morceaux
- 1 sachet (3 1/2 oz ou 105 g) de noix de macadamia, grossièrement hachées

Donne 48 biscuits

1 Déposer le beurre, la cassonade, le sucre, les œufs et la vanille dans le bol du batteur sur socle. Régler à basse vitesse et mixer pendant environ 30 secondes. Arrêter l'appareil et racler le bol. Actionner à vitesse moyenne-basse et battre pendant environ 1 minute. Arrêter l'appareil et racler le bol.

2 Ajouter 1 tasse (250 ml) de farine, la poudre de cacao, la levure chimique et le sel. Régler à basse vitesse et mixer pendant environ 30 secondes. Ajouter progressivement 1 1/2 tasse (375 ml) de farine et mixer pendant 30 secondes de plus. Régler à vitesse moyenne-basse et mixer pendant environ 30 secondes. Régler à basse vitesse et ajouter les morceaux de chocolat et de noix ; mixer jusqu'à l'obtention d'un mélange homogène.

3 Déposer par cuillérée sur les plaques de cuisson graissées, à environ 2 po (5 cm) de distance. Cuire de 12 à 13 minutes à 325 °F (160 °C) ou jusqu'à ce que le rebord des biscuits soit bien cuit. Ne pas trop cuire. Laisser refroidir sur la plaque pendant environ 1 minute. Déposer sur des grilles et laisser complètement refroidir.

Brownies deux étages au caramel écossais

- 3/4 tasse (175 ml) de beurre
- 2 tasses (500 ml) de sucre
- 2 c. à thé (10 ml) de vanille
- 3 œufs
- 3/4 tasse (175 ml) de cacao non sucré
- 1 tasse (250 ml) de farine tout usage
- Glaçage au caramel écossais (recette ci-dessous)
- Ganache au chocolat (recette sur la page ci-contre)

Donne 24 barres

1 Dans le bol du batteur sur socle, mélanger le beurre, le sucre et la vanille à basse vitesse pendant environ 30 secondes ou jusqu'à ce que le sucre soit incorporé. Actionner le mélangeur à une vitesse moyenne-élevée et battre pendant environ 2 minutes, jusqu'à l'obtention d'un mélange crémeux. Arrêter l'appareil et racler le bol. Actionner l'appareil à vitesse moyenne, ajouter les œufs, un à la fois, et battre pendant environ 15 secondes après chaque ajout. Arrêter l'appareil et racler le bol. Ajouter le cacao et la farine. Actionner le batteur à basse vitesse et mixer jusqu'à homogénéité, soit pendant environ 30 secondes.

2 Verser dans une plaque à biscuits de 15½ x 10½ po (38 x 26 cm) recouverte de papier d'aluminium et graissée. Cuire à 350 °F (180 °C) de 14 à 16 minutes ou jusqu'à ce que la surface du gâteau soit élastique au toucher. Sortir du four et laisser refroidir dans le moule pendant 2 minutes. Renverser sur une planche à découper, retirer le papier d'aluminium, puis renverser à nouveau sur une grille ; laisser refroidir complètement.

3 Pendant que les brownies refroidissent, préparer le glaçage au caramel écossais. Verser le glaçage sur les brownies et l'étendre uniformément. Avant que le glaçage durcisse, couper la plaque de brownies en deux et les empiler. Laisser refroidir jusqu'à ce que le glaçage durcisse. Napper de ganache au chocolat. Trancher en morceaux de 2 x 1,75 po (5 x 4 cm) une fois la ganache figée.

Glaçage au caramel écossais

- **1 paquet (environ 11 oz ou 315 g) de brisures à saveur de caramel écossais**
- **1/4 tasse (60 ml) d'eau**
- **1/4 tasse (60 ml) de sucre**
- **1 c. à soupe (15 ml) de sirop de maïs léger**

Déposer les brisures au caramel dans le bol du batteur sur socle. Dans une petite casserole, à feu moyen-élevé, porter l'eau, le sucre et le sirop de maïs à ébullition. Régler le batteur à basse vitesse et verser délicatement le sirop chaud. Mélanger jusqu'à l'obtention d'une consistance lisse. Refroidir

légèrement, mais utiliser pendant que le glaçage est encore tiède puisqu'il durcira une fois refroidi.

Ganache au chocolat

½ **tasse (125 ml) de crème à fouetter**
1 **tasse (250 ml) de brisures de chocolat**

Dans une petite casserole, chauffer la crème, à feu moyen-doux, jusqu'à ce qu'elle commence à peine à bouillonner. Ajouter les brisures de chocolat et remuer continuellement jusqu'à ce que le mélange soit lisse et commence à épaissir. Utiliser la ganache pendant qu'elle est encore tiède puisqu'elle durcira une fois refroidie.

Biscuits au beurre d'arachide

- ½ tasse (125 ml) de beurre d'arachide
- ½ tasse (125 ml) de beurre, ramolli
- ½ tasse (125 ml) de cassonade foncée tassée
- 1 œuf
- ½ c. à thé (2 ml) de vanille
- ½ tasse (125 ml) de sucre granulé
- ½ c. à thé (2 ml) de bicarbonate de sodium
- ¼ c. à thé (1 ml) de sel
- 1¼ tasse (310 ml) de farine tout usage

Donne 36 biscuits

1 Verser le beurre d'arachide et le beurre dans le bol du batteur sur socle. Actionner le mélangeur à une vitesse moyenne et battre pendant environ 1 minute, jusqu'à l'obtention d'une consistance uniforme. Arrêter l'appareil et racler le bol. Ajouter la cassonade, l'œuf et la vanille. Actionner le mélangeur à une vitesse moyenne-basse et battre pendant environ 1 minute. Arrêter l'appareil et racler le bol.

2 Actionner le batteur à basse vitesse. Ajouter progressivement tous les autres ingrédients et mixer pendant environ 30 secondes. Actionner à vitesse moyenne-basse et battre pendant environ 30 secondes.

3 Rouler la pâte en boules de 1 po (2,5 cm). Les déposer sur des plaques non graissées, à environ 2 po (5 cm) de distance. Aplatir à ¼ po (5 mm) à l'aide d'une fourchette en créant un motif entrecroisé.

4 Cuire à 375 °F (190 °C) jusqu'à ce que les biscuits soient dorés, soit environ 10 à 12 minutes. Retirer immédiatement des plaques et laisser refroidir sur des grilles.

Brownies au fudge

- 1 tasse (250 ml) de beurre ramolli divisé
- 4 carrés (1 oz ou 30 g chacun) de chocolat non sucré
- 2 tasses (500 ml) de sucre
- 1 c. à thé (5 ml) de vanille
- 3 œufs
- 1 tasse (250 ml) de farine tout usage
- ½ c. à thé (2 ml) de sel
- 1 tasse (250 ml) de noix de Grenoble ou pacanes, hachées

Donne 24 carrés

1 Dans une petite casserole, à feu doux, faire fondre ½ tasse (125 ml) de beurre et le chocolat ; réserver et laisser refroidir.

2 Déposer ½ tasse (125 ml) de beurre, le sucre et la vanille dans le bol du batteur sur socle. Régler à basse vitesse et mixer pendant environ 30 secondes. Actionner à vitesse moyenne et battre pendant environ 2 minutes. Actionner le batteur à vitesse moyenne-basse. Ajouter les œufs, un à la fois, et battre pendant environ 15 secondes après chaque ajout. Arrêter l'appareil et racler le bol.

3 Ajouter le mélange au chocolat refroidi. Régler à basse vitesse et mixer pendant environ 30 secondes. Arrêter l'appareil et racler le bol. Ajouter le reste des ingrédients. Actionner le batteur à basse vitesse et mixer jusqu'à homogénéité, soit pendant environ 30 secondes.

4 Verser le mélange dans un moule de 13 x 9 x 2 po (33 x 23 x 5 cm) graissé et enfariné. Cuire au four à 350 °F (180 °C) pendant 45 minutes. Laisser refroidir dans le moule déposé sur une grille.

Fudge au chocolat

- Beurre
- 2 tasses (500 ml) de sucre
- 1/8 c. à thé (0,5 ml) de sel
- 3/4 tasse (175 ml) de lait évaporé
- 1 c. à thé (5 ml) de sirop de maïs léger
- 2 carrés (1 oz ou 30 g) de chocolat semi-sucré
- 2 c. à soupe (30 ml) de beurre
- 1 c. à thé (5 ml) de vanille
- 2 tasses (500 ml) de noix de Grenoble ou pacanes, hachées

Donne environ 5 douzaines de bonbons

1 Beurrer les côtés d'une casserole à fond épais de 8 tasses (2 l). Y combiner le sucre, le sel, le lait évaporé, le sirop de maïs et le chocolat. Cuire en remuant à feu moyen jusqu'à ce que le chocolat et le sucre soient fondus. Cuire jusqu'à l'obtention d'une consistance de boule molle (236 °F ou 113 °C sur un thermomètre à bonbon). Retirer immédiatement du feu. Ajouter le beurre sans mélanger. Laisser refroidir jusqu'à ce que le mélange soit tiède (110 °F ou 43 °C sur un thermomètre à bonbons). Incorporer la vanille.

2 Verser le mélange dans le bol du batteur sur socle. Actionner à vitesse moyenne-basse et mixer pendant environ 8 minutes ou jusqu'à ce que le fudge durcisse et perde sa brillance. Régler à basse vitesse et ajouter les noix ; mixer jusqu'à l'obtention d'un mélange homogène. Étendre dans un moule de 9 x 9 x 2 po (23 x 23 x 5 cm). Laisser refroidir à la température ambiante. Lorsque le fudge est ferme, le couper en carrés de 1 po (2,5 cm).

Macarons fondants

- 1 paquet (8 oz ou 225 g) de pâte d'amande
- 2 blancs d'œufs
- 1/2 tasse (125 ml) de sucre granulé
- 1 tasse (250 ml) de sucre en poudre

Donne 24 macarons

1 Déposer la pâte d'amande et les blancs d'œufs dans le bol du batteur sur socle. Actionner le batteur à vitesse moyenne-basse et mixer pendant 1 minute. Arrêter l'appareil et racler le bol.

2 Ajouter le sucre. Actionner à vitesse moyenne-basse et battre pendant 30 secondes. Arrêter l'appareil et racler le bol. Tamiser le sucre en poudre dans le bol. Actionner à vitesse moyenne et battre pendant 15 secondes.

3 Déposer la pâte, par cuillère à thé, sur des plaques graissées et enfarinées, à environ 2 po (5 cm) de distance. Cuire au four à 350 °F (180 °C) de 12 à 15 minutes. Laisser refroidir sur des grilles.

Biscuits aux brisures de chocolat

1 tasse (250 ml) de sucre granulé
1 tasse (250 ml) de cassonade bien tassée
1 tasse (250 ml) de beurre, ramolli
2 œufs
1½ c. à thé (7 ml) de vanille
1 c. à thé (5 ml) de bicarbonate de sodium
1 c. à thé (5 ml) de sel
3 tasses (750 ml) de farine tout usage
12 oz (360 g) de brisures de chocolat semi-sucré

Donne 54 biscuits

1 Préchauffer le four à 375 °F (190 °C). Déposer les sucres, le beurre, les œufs et la vanille dans le bol du batteur sur socle. Régler à basse vitesse et mixer pendant environ 30 secondes. Arrêter l'appareil et racler le bol. Actionner à vitesse moyenne-basse et battre pendant environ 30 secondes. Arrêter l'appareil et racler le bol.

2 Dans un autre bol, mélanger ensemble le bicarbonate de sodium, le sel et la farine. Actionner le batteur à basse vitesse. Ajouter progressivement la farine au mélange à base de sucre et mixer pendant environ 2 minutes. Actionner à vitesse moyenne-basse et battre pendant environ 30 secondes. Arrêter l'appareil et racler le bol. Ajouter les brisures de chocolat. Régler à basse vitesse et mixer pendant environ 15 secondes.

3 Déposer la pâte, par cuillère à thé, sur les plaques de cuisson graissées, à environ 2 po (5 cm) de distance. Cuire de 10 à 12 minutes. Retirer immédiatement des plaques. Laisser refroidir sur des grilles.

Barres banane, pacanes et chocolat

- ½ tasse (125 ml) de beurre, ramolli
- 1 tasse (250 ml) de sucre
- 5 bananes mûres, écrasées
- 1 œuf
- 1 c. à thé (5 ml) de vanille
- 1½ tasse (375 ml) de farine tout usage
- 1 c. à thé (5 ml) de levure chimique (poudre à pâte)
- 1 c. à thé (5 ml) de bicarbonate de sodium
- ½ c. à thé (2 ml) de sel
- ½ tasse (125 ml) de pacanes, hachées
- ¼ tasse (60 ml) de poudre de cacao non sucrée

Donne environ 18 barres

1 Préchauffer le four à 350 °F (180 °C). Graisser un moule de 13 x 9 po (33 x 23 cm). Battre le beurre et le sucre dans le bol du batteur sur socle, à vitesse moyenne, jusqu'à l'obtention d'une consistance crémeuse. Ajouter les bananes écrasées, l'œuf et la vanille ; battre jusqu'à l'obtention d'une consistance lisse. Dans un bol moyen, combiner la farine, la levure chimique, le bicarbonate de sodium et le sel. Ajouter le mélange à base de farine au mélange à base de bananes ; battre jusqu'à ce que le tout soit bien mélangé. Incorporer les pacanes.

2 Diviser la pâte en deux. Incorporer le cacao dans une moitié. Verser la pâte au chocolat dans le moule préparé. Recouvrir de la pâte nature ; créer des tourbillons à l'aide d'un couteau.

3 Cuire de 30 à 35 minutes ou jusqu'à ce que les rebords soient légèrement dorés. Laisser refroidir complètement dans le moule déposé sur une grille. Couper en carrés.

Divinités

- 3 tasses (750 ml) de sucre
- ¾ tasse (175 ml) de sirop de maïs léger
- ½ tasse (125 ml) d'eau
- 2 blancs d'œufs
- 1 c. à thé (5 ml) d'extrait d'amande
- 1 tasse (250 ml) de noix de Grenoble ou pacanes, hachées

Donne environ 42 bonbons

1 Dans une casserole à fond épais, verser le sucre, le sirop de maïs et l'eau. Cuire et remuer, à feu moyen, jusqu'à l'obtention d'une boule dure (248 °F ou 120 °C sur un thermomètre à bonbon). Retirer du feu et laisser reposer jusqu'à ce que la température chute à 220 °F (105 °C) ; ne pas remuer.

2 Déposer les blancs d'œufs dans le bol du batteur sur socle. Régler à vitesse élevée et fouetter jusqu'à ce que des pics mous se forment, soit environ 1 minute. Ajouter progressivement le mélange à base de sirop, en un mince filet, et fouetter pendant environ 2½ minutes de plus.

3 Régler à vitesse moyenne-basse. Ajouter l'extrait d'amande et fouetter jusqu'à ce que le mélange commence à s'assécher, soit de 20 à 25 minutes. Régler à basse vitesse et ajouter les noix ; mixer jusqu'à l'obtention d'un mélange homogène.

4 Déposer le mélange, à l'aide d'une cuillère à soupe, sur du papier ciré ou sur une plaque graissée, et former des galettes.

Brownies à la citrouille

½ tasse (125 ml) de beurre non salé, ramolli
¾ tasse (175 ml) de cassonade tassée
1 c. à thé (5 ml) de vanille
1 œuf
1⅓ tasse (325 ml) de farine tout usage
1 tasse (250 ml) de citrouille en conserve bien tassée
2 c. à thé (10 ml) d'épices pour tarte à la citrouille*
1 c. à thé (5 ml) de levure chimique (poudre à pâte)
¼ c. à thé (1 ml) de sel
½ tasse (125 ml) de brisures de caramel pour la cuisson
Glaçage au fromage à la crème et au chocolat blanc (recette ci-dessous)

** Remplacer 2 c. à thé (10 ml) d'épices pour tarte à la citrouille par 1 c. à thé (5 ml) de cannelle, ½ c. à thé (2 ml) de gingembre moulu et ¼ c. à thé (1 ml) de toute-épice.*

Donne 9 brownies

1 Préchauffer le four à 350 °F (180 °C). Graisser un moule carré de 8 po (20 cm). Déposer le beurre, la cassonade et la vanille dans le bol du batteur sur socle. Actionner à vitesse moyenne et battre jusqu'à l'obtention d'une consistance homogène. Ajouter l'œuf ; battre jusqu'à l'obtention d'une consistance légère. Incorporer la farine, la citrouille, les épices pour tarte à la citrouille, la levure chimique et le sel. Incorporer les brisures de caramel. Étendre uniformément dans le moule préparé.

2 Cuire de 40 à 45 minutes ou jusqu'à ce qu'un cure-dents en bois inséré au centre en ressorte propre. Laisser refroidir complètement dans le moule déposé sur une grille.

3 Préparer le glaçage au chocolat blanc et au fromage à la crème. Glacer les brownies ; les couper en carrés.

Glaçage au chocolat blanc et au fromage à la crème

Donne environ 2 tasses (500 ml)

2 c. à soupe (30 ml) de crème à fouetter
4 carrés (1 oz ou 30 g chacun) de chocolat blanc, haché
6 oz (180 g) de fromage à la crème, ramolli
⅓ tasse (75 ml) de sucre en poudre, tamisé

1 Dans une petite casserole, chauffer la crème, à feu moyen, jusqu'à ce qu'elle soit presque en ébullition ; retirer du feu. Ajouter le chocolat blanc ; remuer jusqu'à ce qu'il soit complètement fondu. Laisser refroidir légèrement.

2 Battre le fromage à la crème et le sucre dans le bol du batteur sur socle pendant environ 1 minute ou jusqu'à l'obtention d'une consistance légère. Incorporer le mélange à base de chocolat et battre jusqu'à homogénéité.

Biscuits à l'avoine, raisins secs et abricots

- ½ tasse (125 ml) de beurre
- ½ tasse (125 ml) de shortening
- 2 c. à thé (10 ml) de vanille
- ¾ tasse (175 ml) de sucre granulé
- ¼ tasse (60 ml) de cassonade tassée
- 2 œufs
- 2 tasses (500 ml) d'avoine à cuisson rapide
- 1½ tasse (375 ml) de farine tout usage
- 1 c. à thé (5 ml) de bicarbonate de sodium
- ½ c. à thé (2 ml) de sel
- ¾ tasse (175 ml) de raisins secs
- ½ tasse (125 ml) d'abricots séchés, finement coupés

Donne 48 biscuits

1 Déposer le beurre, le shortening, la vanille, le sucre, la cassonade et les œufs dans le bol du batteur sur socle. Régler le batteur à basse vitesse et mixer pendant environ 30 secondes. Arrêter l'appareil et racler le bol. Actionner à vitesse moyenne-basse et battre pendant environ 30 secondes. Arrêter l'appareil et racler le bol. Ajouter l'avoine, la farine, le bicarbonate de sodium, le sel, les raisins et les abricots. Régler à basse vitesse et mixer pendant environ 30 secondes de plus.

2 Déposer la pâte sur les plaques de cuisson graissées, à l'aide d'une cuillère à thé. Cuire de 8 à 10 minutes à 375 °F (190 °C) ou jusqu'à ce que les biscuits soient légèrement dorés.

Pour le congélateur : Doubler les ingrédients et les mélanger dans un bol pour batteur de 24 tasses (6 litres). Ainsi, vous pourrez les apprécier maintenant… et plus tard ! Donne 96 biscuits.

Les meilleurs biscuits au sucre

- 1 tasse (250 ml) de beurre, ramolli
- 1 c. à thé (5 ml) de vanille
- ¾ tasse (175 ml) de sucre
- 2 œufs battus
- 1 c. à thé (5 ml) de crème de tartre
- ½ c. à thé (2 ml) de bicarbonate de sodium
- ¼ c. à thé (1 ml) de muscade moulue
- ¼ c. à thé (1 ml) de sel
- 2 tasses (500 ml) de farine tout usage
- Sucre

Donne 48 biscuits

1 Verser le beurre et la vanille dans le bol du batteur sur socle. Régler le batteur à vitesse moyenne et battre pendant environ 2 minutes ou jusqu'à ce que le mélange soit homogène. Ajouter progressivement ¾ tasse (175 ml) de sucre et battre pendant environ 90 secondes de plus. Ajouter les œufs et battre pendant environ 30 secondes. Arrêter l'appareil et racler le bol.

2 Actionner le batteur à basse vitesse. Ajouter progressivement la crème de tartre, le bicarbonate de sodium, la muscade, le sel et la farine au mélange à base de sucre. Mixer jusqu'à ce que le tout soit bien mélangé, soit environ 1 minute.

3 Déposer la pâte sur les plaques de cuisson graissées, à environ 3 po (7 cm) de distance, à l'aide d'une cuillère à soupe. Cuire au four à 400 °F (200 °C) de 6 à 8 minutes. Saupoudrer de sucre pendant qu'ils sont encore chauds. Retirer immédiatement des plaques et laisser refroidir sur des grilles.

Carrés au dulce de leche

- 2 tasses (500 ml) de farine tout usage
- 1 c. à thé (5 ml) de bicarbonate de sodium
- 1 c. à thé (5 ml) de sel
- 1 tasse (250 ml) de beurre ramolli
- 1 tasse (250 ml) de cassonade bien tassée
- 2 œufs
- 1½ c. à thé (7 ml) de vanille
- 1 paquet (14 oz ou 405 g) de caramels
- ½ tasse (125 ml) de lait évaporé

Donne environ 36 barres

1 Préchauffer le four à 350 °F (180 °C). Graisser un moule de 13 x 9 po (33 x 23 cm). Dans un bol de format moyen, tamiser la farine, le bicarbonate de sodium et le sel ; réserver.

2 Battre le beurre et la cassonade dans le bol du batteur sur socle, jusqu'à l'obtention d'une consistance crémeuse. Ajouter les œufs et la vanille ; battre jusqu'à l'obtention d'une consistance lisse. Incorporer le mélange à base de farine. Étendre la moitié de la pâte dans le moule préparé. Cuire pendant environ 8 minutes ; laisser refroidir 5 minutes sur une grille.

3 Pendant ce temps, faire fondre les caramels et le lait évaporé dans une casserole antiadhésive, à feu très doux ; réserver 2 c. à soupe (30 ml). Verser le reste du mélange au caramel dans le moule. Déposer le reste de la pâte sur la couche de caramel ; tourbillonner légèrement à l'aide d'un couteau.

4 Cuire 25 minutes ou jusqu'à ce que la croûte soit dorée. Laisser refroidir complètement dans le moule déposé sur une grille. Couper en carrés. Réchauffer le caramel réservé, au besoin ; en napper les carrés.

Fondue à l'orange, au piment et au chocolat *(recette à la page 128)*

Desserts

Que vous prépariez un somptueux repas ou que vous apportiez un plat à un repas communautaire, rien n'est plus agréable et gratifiant qu'un succulent dessert maison.

Chacune des recettes de cette section est une combinaison de saveurs décadentes et de présentations surprenantes pour créer une grande finale ! Des fondues aux tourtes étagées, ces desserts divins constituent la touche finale parfaite à tout repas.

Fondue à l'orange, au piment et au chocolat

(photo à la page 126)

- 2 tablettes de chocolat (4 oz ou 120 g chacune) mi-sucré (60 à 70 %), grossièrement haché
- 2 c. à soupe (30 ml) de beurre, ramolli
- 1½ tasse (375 m) de crème épaisse ou à fouetter
- ½ tasse (125 ml) de jus d'orange concentré surgelé, décongelé mais pas dilué
- 1 c. à thé (5 ml) de vanille
- ½ c. à thé (2 ml) de poudre de piment fort

Donne 6 portions

1 Déposer le chocolat haché et le beurre dans un bol moyen ; réserver.

2 Dans une petite casserole, chauffer la crème jusqu'à ébullition ; verser sur le chocolat. Incorporer le concentré de jus d'orange, la vanille et la poudre de piment. Mélanger jusqu'à ce que le chocolat soit fondu et le mélange homogène. Servir immédiatement, dans des bols individuels ou dans un plat à fondue.

3 Servir avec tout ce qu'il faut pour faire trempette : des fraises, des quartiers d'orange, des tranches de pommes ou de poires, des morceaux d'ananas ou de banane, des biscuits, des guimauves, des cubes de gâteau quatre-quarts, etc.

Pots de Crème au Chocolat

- 2 tasses (500 ml) de crème épaisse
- 1 c. à soupe (15 ml) de sucre
- 4 carrés (1 oz ou 30 g chacun) de chocolat semi-sucré, fondu
- 5 jaunes d'œufs

Donne 6 portions

1 Au bain-marie, chauffer la crème et le sucre, en remuant sans arrêt, jusqu'à ce que le sucre soit fondu. Ajouter le chocolat et remuer jusqu'à homogénéité. Retirer du feu et réserver.

2 Déposer les jaunes d'œufs dans le bol du batteur sur socle. Actionner le batteur à vitesse moyenne-élevée et fouetter pendant 1 minute. Régler à basse vitesse ; ajouter progressivement le mélange à la crème et fouetter jusqu'à homogénéité.

3 Remplir 6 ramequins ou pots de crème (6 oz ou 180 g) aux deux tiers. Déposer les ramequins ou les pots dans un moule de 13 x 9 x 2 po (33 x 23 x 5 cm). Verser de l'eau bouillante dans le moule pour le remplir à 1½ po (3,75 cm). Cuire à 325 °F (160 °C) jusqu'à l'obtention d'une consistance ferme, soit de 20 à 25 minutes. Refroidir pendant au moins 2 heures.

Tourte au chocolat et aux arachides

- ¾ tasse (175 ml) de beurre ramolli
- ¾ tasse (175 ml) de sucre
- 6 oz (180 g) de pâte d'amande
- 5 œufs
- ⅔ tasse (150 ml) de miettes de biscuits graham
- ¾ tasse (175 ml) de farine tout usage
- ¾ c. à thé (3 ml) de levure chimique (poudre à pâte)
- 1 ⅓ tasse (325 ml) d'arachides moulues
- Glaçage au chocolat et aux arachides (recette ci-dessous)

Donne 1 tourte

1 Déposer le beurre, le sucre et la pâte d'amande dans le bol du batteur sur socle. Battre à vitesse moyenne pendant 1 minute. Pendant que le batteur tourne, ajouter les œufs, un à la fois, et battre pendant environ 15 secondes après chaque ajout. Arrêter l'appareil et racler le bol.

2 Régler à vitesse moyenne-basse et ajouter progressivement les miettes de biscuits graham, la farine et la levure chimique ; battre pendant 1 minute de plus. Incorporer les arachides ; mixer jusqu'à l'obtention d'un mélange homogène.

3 Verser la pâte dans un moule à charnière de 9 po (23 cm) qui a été au préalable recouvert de papier ciré et graissé. Cuire au four à 350 °F (180 °C) de 50 à 55 minutes.

4 Retirer du moule et laisser refroidir sur une grille métallique. Une fois refroidi, trancher le gâteau en trois pour former 3 épaisseurs. Glacer du glaçage au chocolat et aux arachides.

Glaçage au chocolat et aux arachides

- ½ tasse (125 ml) de beurre ramolli
- ½ tasse (125 ml) de sucre en poudre
- 2 oz (60 g) pâte d'amande
- 1 ⅓ tasse (325 ml) de beurre d'arachide crémeux
- 4 carrés (1 oz ou 30 g chacun) de chocolat semi-sucré, fondu

Déposer le beurre, le sucre en poudre et la pâte d'amande dans le bol du batteur sur socle. Battre à vitesse moyenne pendant 2 minutes ou jusqu'à l'obtention d'une consistance crémeuse. Arrêter l'appareil et racler le bol.

Ajouter le beurre d'arachide et le chocolat. Régler à vitesse moyenne-élevée et battre pendant 2 minutes ou jusqu'à ce que le mélange soit léger.

Mousse aux deux chocolats, sauce aux framboises

6 oz (180 g) de chocolat mi-sucré, coupé en morceaux de 3/4 po (2 cm)

6 oz (180 g) de chocolat blanc, coupé en morceaux de 3/4 po (2 cm)

2 tasses (500 ml) de crème à fouetter

Sauce aux framboises (recette ci-contre)

Donne 6 portions (2/3 de tasse/175 ml de mousse et 1/4 tasse/60 ml de sauce aux framboises)

1 Déposer le chocolat mi-sucré dans un bol (3 à 4 tasses/750 ml à 1 l) allant au four à micro-ondes. Déposer le chocolat blanc dans un autre bol allant au four à micro-ondes. Recouvrir chaque bol de papier ciré. Déposer un bol à la fois au four à micro-ondes et chauffer à puissance élevée pendant 90 secondes. Sortir du four et remuer. Si le chocolat n'est pas fondu, chauffer pendant 30 secondes de plus ou jusqu'à ce qu'il soit fondu. Sortir du four et remuer.

2 Dans une casserole à fond épais, chauffer la crème à feu moyen jusqu'à ce qu'elle soit très chaude, sans toutefois bouillir. Retirer du feu. Verser 1 tasse (250 ml) de crème dans chaque bol de chocolat. Remuer jusqu'à l'obtention d'une consistance homogène. Couvrir les bols et réfrigérer pendant environ 2 heures.

3 Verser le mélange à base de chocolat blanc dans le bol du batteur sur socle. Augmenter progressivement jusqu'à vitesse moyenne et battre de 4 minutes à 4 1/2 minutes ou jusqu'à formation de pics souples. Verser environ 1/3 tasse (75 ml) du mélange dans chacune des 6 coupes à dessert sur pied. Réserver.

4 Verser le mélange à base de chocolat mi-sucré dans le bol du batteur. Augmenter progressivement jusqu'à vitesse moyenne et battre environ 3 minutes ou jusqu'à formation de pics souples. Verser environ 1/3 tasse (75 ml) du mélange sur le chocolat blanc, dans les 6 coupes à dessert. Recouvrir les coupes de pellicule plastique ou de papier d'aluminium. Réfrigérer pendant 8 heures ou toute la nuit.

Sauce aux framboises

1 paquet (14 à 16 oz/420 à 450 g) de framboises surgelés non sucrées, décongelés
1/4 tasse (60 ml) d'eau
1/4 tasse (60 ml) de sucre
1 c. à soupe (15 ml) de fécule de maïs

Verser les framboises dans le contenant du mélangeur ou du robot culinaire. Remettre le couvercle et mixer jusqu'à l'obtention d'une consistance lisse. Verser le mélange dans un tamis métallique, au-dessus d'une petite casserole ; écraser dans le tamis avec le dos d'une cuillère pour extraire le jus des framboises. Jeter les graines et la pulpe.

Ajouter le reste des ingrédients dans la casserole. Cuire à feu moyen, en remuant sans arrêt, jusqu'à ce que le mélange ait épaissi et bouillonne. Retirer du feu et laisser refroidir. Ranger la sauce au réfrigérateur, dans un contenant fermé. Remuer avant de l'utiliser.

Déposer de la sauce aux framboises dans les coupes à dessert avant de servir.

Gâteau Alaska individuel cuit au café irlandais

- 2 tasses (500 ml) de crème glacée à la vanille, ramollie
- 2 tasses (500 ml) de crème glacée au café, ramollie

Gâteau

- 2/3 tasse (150 ml) de sucre
- 3 œufs, séparés
- 1/3 tasse (75 ml) de farine tout usage
- 1/3 tasse (75 ml) de poudre de cacao non sucrée
- 1/4 c. à thé (1 ml) de fécule de maïs
- 2 c. à soupe (30 ml) de liqueur à saveur de café irlandais

Meringue

- 4 blancs d'œufs
- 1/2 tasse (125 ml) de sucre
- 3 c. à soupe (45 ml) de whisky

Donne 4 portions

1 Préchauffer le four à 350 °F (180 °C). Recouvrir 4 ramequins (1 tasse [250 ml]) de pellicule plastique. Déposer 1/2 tasse (125 ml) de crème glacée à la vanille dans chaque ramequin. Ajouter 1/2 tasse (125 ml) de crème glacée au café. Replier la pellicule plastique sur la crème glacée. Congeler pendant 4 heures ou jusqu'à ce que la crème glacée soit bien ferme.

2 Pour préparer le gâteau, recouvrir un moule de 13 x 9 po (33 x 23 cm) de papier ciré. Battre, à vitesse élevée, le sucre et les jaunes d'œufs dans le bol moyen du batteur sur socle pendant 4 minutes ou jusqu'à ce que le mélange devienne pâle et épais ; réserver. Nettoyer le bol. Verser les blancs d'œufs dans le bol du batteur et battre à vitesse élevée jusqu'à ce qu'ils forment des pics fermes, mais pas secs. Tamiser la farine, le cacao et la fécule de maïs dans le mélange à base de jaunes d'œufs ; remuer jusqu'à ce que le tout soit bien mélangé. Incorporer les blancs d'œuf. Étendre délicatement le mélange dans le moule préparé.

3 Cuire pendant 10 minutes ou jusqu'à ce que le gâteau soit ferme mais moelleux au toucher. Laisser refroidir complètement dans le moule déposé sur une grille. Couper le gâteau en rondelles de 3 po (7,5 cm) à l'aide d'un emporte-pièce. Déposer les rondelles sur la crème glacée, dans les ramequins. Badigeonner les rondelles de liqueur. Congeler jusqu'au moment de garnir de meringue.

4 Pour préparer la meringue, préchauffer le four à 525 °F (275 °C). Battre les blancs d'œufs, à vitesse élevée, dans le bol nettoyé du batteur sur socle jusqu'à l'obtention d'une consistance mousseuse. Ajouter lentement le sucre, en battant jusqu'à ce que des pics brillants se forment.

5 Retirer les desserts des ramequins à l'aide de la pellicule plastique. Jeter la pellicule. Déposer les desserts, côté gâteau vers le bas, sur une plaque. Tartiner 2/3 tasse (175 ml) de meringue sur chaque dessert en travaillant rapidement pour éviter que la crème glacée ne fonde. Cuire 2 minutes ou jusqu'à ce que la meringue soit dorée.

6 Chauffer le whisky dans une petite poêle, à feu doux, pendant 1 minute. Ne pas faire bouillir. À l'aide d'une longue allumette, flamber le whisky. Verser délicatement sur chaque dessert. Laisser le whisky se consumer ; servir immédiatement.

Dacquoise aux amandes

- 6 oz (180 g) d'amandes blanchies, moulues
- 1 tasse (250 ml) de sucre en poudre
- 1 ½ c. à soupe (22 ml) de fécule de maïs
- 6 blancs d'œufs
- ⅛ c. à thé (0,5 ml) de sel
- ¼ c. à thé (1 ml) de crème de tartre
- 3 c. à soupe (45 ml) de sucre
- 1 ¼ c. à thé (6 ml) de vanille
- ¼ c. à thé (1 ml) d'extrait d'amande
- Garniture au chocolat et à la crème au beurre (recette ci-dessous)

Donne 1 gâteau (8 po ou 20 cm)

1 Dans un bol, mélanger les amandes, le sucre en poudre et la fécule de maïs ; réserver. Déposer les blancs d'œufs dans le bol du batteur sur socle. Actionner à vitesse moyenne et fouetter jusqu'à l'obtention d'une consistance mousseuse. Ajouter le sel et la crème de tartre, puis continuer de fouetter jusqu'à la formation de pics souples. Incorporer le sucre, la vanille et l'extrait d'amande, tout en battant jusqu'à l'obtention de pics fermes. Régler à basse vitesse et ajouter rapidement le mélange aux amandes, puis mixer jusqu'à ce que le tout soit bien mélangé.

2 À l'aide d'une poche à douille dotée de l'embout régulier (½ po ou 1,25 cm), créer 3 cercles de 8 po (20 cm) sur des plaques graissées et enfarinées. Cuire au four à 250 °F (120 °C) de 35 à 45 minutes. Retirer immédiatement des plaques et laisser refroidir sur du papier d'aluminium. Garnir et glacer de garniture à la crème au beurre et au chocolat.

Garniture à la crème au beurre et au chocolat

- 2 jaunes d'œufs
- 1 tasse (250 ml) de sucre en poudre
- 2 carrés (1 oz ou 30 g chacun) de chocolat semi-sucré, fondu
- ¾ tasse (175 ml) de beurre, ramolli
- ½ c. à thé (2 ml) de vanille

Déposer les jaunes d'œufs dans le bol du batteur sur socle. Actionner à vitesse moyenne et fouetter pendant 2 minutes. Arrêter l'appareil et racler le bol.

Régler à vitesse moyenne-basse et ajouter progressivement le sucre en poudre, le chocolat, le beurre et la vanille ; continuer de battre jusqu'à l'obtention d'une consistance légère, soit environ 5 minutes.

Soufflé au citron

- 2 c. à soupe (30 ml) de beurre
- 1/3 tasse (75 ml) plus 3 c. à soupe (45 ml) de sucre, divisé
- 2 c. à soupe (30 ml) de zeste de citron
- 3 c. à soupe (45 ml) de farine tout usage
- 3/4 tasse (175 ml) de lait
- 1/3 tasse (75 ml) de jus de citron fraîchement pressé
- 5 œufs, séparés

Donne 6 portions

1 Graisser un plat à soufflé de 6 tasses (1,5 l) avec 1 c. à soupe (15 ml) de beurre. Dans un petit bol, combiner 3 c. à soupe (45 ml) de sucre et 1 c. à soupe (15 ml) de zeste de citron. Saupoudrer le plat à soufflé de ce mélange ; réserver.

2 Faire fondre le reste du beurre dans une casserole, à feu moyen. Ajouter la farine et bien mélanger ; cuire pendant 1 minute. Ajouter progressivement le lait ; remuer jusqu'à l'obtention d'une consistance lisse. Ajouter le reste du sucre et porter à ébullition en remuant sans arrêt pendant 30 secondes. Ajouter le jus de citron et le reste du zeste de citron. Déposer le mélange dans le bol du batteur sur socle. Actionner le batteur à vitesse moyenne-basse et mixer pendant 1 minute. Arrêter l'appareil et racler le bol. Actionner l'appareil à vitesse moyenne, ajouter les jaunes d'œufs, un à la fois, et battre pendant environ 15 secondes après chaque ajout. Verser dans un autre bol et réserver. Nettoyer le bol du batteur.

3 Déposer les blancs d'œufs dans le bol du batteur. Régler à vitesse moyenne-élevée et fouetter jusqu'à l'obtention de pics fermes, mais pas secs. Incorporer délicatement le mélange à base de jaunes d'œufs à ce mélange. Verser dans le plat à soufflé. Passer la lame d'un couteau dans le plat à soufflé, à 1 1/2 po (3,75 cm) de profondeur et à 1 po (2,5 cm) du rebord.

4 Déposer le plat à soufflé dans un plat de 13 x 9 x 2 (33 x 23 x 5 cm) et remplir de 1 po (2,5 cm) d'eau bouillante. Cuire au four à 350 °F (180 °C) de 25 à 30 minutes. Servir immédiatement.

Yogourt glacé à l'ananas

- ¼ tasse (60 ml) de substitut d'œuf
- ¼ tasse (60 ml) de sucre
- ½ tasse (125 ml) de crème 10 %
- ½ tasse (125 ml) de yogourt nature faible en gras
- ¾ tasse (175 ml) d'ananas en morceaux dans son jus

Donne 4 portions (1 pinte/1,136 l)

1 Battre le substitut d'œuf et le sucre jusqu'à l'obtention d'une consistance épaisse de couleur crème. Ajouter la crème, le yogourt et l'ananas ; bien mélanger. Refroidir complètement le mélange avant de le verser dans la sorbetière.

2 Suivre les instructions du fabricant de la sorbetière ou verser le mélange dans un plat de verre peu profond et congeler. Toutes les 10 minutes, mélanger et râcler le mélange à l'aide d'une spatule de caoutchouc jusqu'à ce qu'il atteigne la consistance désirée, soit pendant environ 1 heure.

3 À l'aide d'une cuillère à crème glacée, servir 1 ou 2 portions (½ tasse ou 125 ml) et remettre le reste au congélateur dans un contenant fermé.

Crème glacée à la vanille française

- 2½ tasses (625 ml) de crème 10 %
- 8 jaunes d'œufs
- 1 tasse (250 ml) de sucre
- 2½ tasses (625 ml) de crème à fouetter
- 4 c. à thé (20 ml) de vanille
- ⅛ c. à thé (0,5 ml) de sel

Donne 16 portions (½ tasse ou 125 ml par portion)

1 Dans une casserole moyenne, à feu moyen, chauffer la crème en remuant souvent jusqu'à ce qu'elle soit très chaude, sans bouillir. Retirer du feu et réserver.

2 Déposer les jaunes d'œufs et le sucre dans le grand bol du batteur sur socle. Mixer à basse vitesse pendant 1 minute ou jusqu'à ce que le tout soit bien mélangé et légèrement épaissi. Continuer à basse vitesse, en ajouter très progressivement la crème jusqu'à l'obtention d'un mélange homogène. Verser le mélange dans la casserole ; cuire à feu moyen jusqu'à ce que de petites bulles se forment tout autour du mélange et qu'il soit fumant ; remuer sans arrêt. Ne pas faire bouillir. Transférer le mélange dans un grand bol ; incorporer la crème à fouetter, la vanille et le sel. Couvrir et refroidir pendant au moins 8 heures. Congeler dans la sorbetière en suivant les instructions du fabricant. Transférer immédiatement la crème glacée dans des plats de service ou congeler dans un contenant hermétique.

Crème glacée aux fraises fraîches

Dans un bol moyen, combiner 2 tasses (500 ml) de fraises fraîches grossièrement hachées (ou tout autre fruit frais) et 2 à 3 c. à thé (10 à 15 ml) de sucre, si désiré. Laisser reposer pendant que la crème glacée est préparée. Ajouter les fraises pendant les 3 à 5 dernières minutes du processus de congélation dans la sorbetière. Donne 20 portions (½ tasse ou 125 ml par portion)

Crème glacée aux biscuits à la crème

Ajouter 1½ tasse (375 ml) de biscuits sandwichs au chocolat à la crème (ou tout autre biscuit, noix ou bonbon) pendant les 1 à 2 dernières minutes du processus de congélation dans la sorbetière. Donne 19 portions (½ tasse ou 125 ml par portion).

Crème glacée triple chocolat

- 2 tasses (500 ml) de crème à fouetter, divisée
- 2 carrés (1 oz ou 30 g chacun) de chocolat semi-sucré, grossièrement haché
- 2 carrés (1 oz ou 30 g chacun) de chocolat non sucré, grossièrement haché
- 2 tasses (500 ml) de crème 10 %
- 1 tasse (250 ml) de sucre
- ⅓ tasse (75 ml) de poudre de cacao non sucrée
- 8 jaunes d'œufs
- 4 c. à thé (20 ml) de vanille
- ⅛ c. à thé (0,5 ml) de sel
- 4 tablettes (1½ oz ou 45 g chacune) de chocolat au lait, grossièrement haché (environ 1½ tasse 375 ml)

Donne 16 portions (½ tasse ou 125 ml par portion)

1 Dans une petite casserole, verser ½ tasse (125 ml) de crème à fouetter, le chocolat semi-sucré et le chocolat non sucré. À feu moyen-bas, chauffer jusqu'à ce que le chocolat fonde, en remuant souvent. Retirer du feu et réserver. Dans une casserole moyenne, à feu moyen, chauffer la crème en remuant souvent jusqu'à ce qu'elle soit très chaude, sans bouillir. Retirer du feu et réserver.

2 Dans un petit bol, combiner le sucre et la poudre de cacao ; réserver. Déposer les jaunes d'œufs dans le bol du batteur sur socle. Actionner à basse vitesse et ajouter progressivement le mélange à base de sucre ; mixer pendant environ 30 secondes ou jusqu'à ce que le mélange soit homogène et légèrement épaissi. Continuer de battre à basse vitesse, en ajoutant très progressivement le mélange à base de chocolat et la crème, jusqu'à l'obtention d'un mélange homogène.

3 Verser le mélange dans une casserole moyenne. Cuire à feu moyen, en remuant sans arrêt, jusqu'à ce que de petites bulles se forment tout autour et que le mélange soit fumant. Ne pas faire bouillir. Transvider dans un grand bol ; incorporer l'autre 1½ tasse (375 ml) de crème à fouetter, la vanille et le sel. Couvrir et réfrigérer pendant au moins 8 heures.

4 Fixer le bol à congeler au batteur, conformément aux instructions du fabricant, et transférer la crème glacée. Mixer à basse vitesse de 10 à 15 minutes ou jusqu'à l'obtention de la consistance désirée. Ajouter le chocolat au lait pendant les 1 à 2 dernières minutes du temps de congélation. Transférer immédiatement la crème glacée dans des plats de service ou congeler dans un contenant hermétique.

Petits fours aux amandes

- 1 ½ tasse (375 ml) de farine tout usage
- ⅓ tasse (75 ml) d'amandes moulues
- ½ c. à thé (2 ml) de levure chimique (poudre à pâte)
- ½ c. à thé (2 ml) de bicarbonate de sodium
- ½ c. à thé (2 ml) de sel
- ½ tasse (125 ml) de beurre ramolli
- 1 tasse (250 ml) de sucre
- 1 c. à thé (5 ml) d'extrait d'amande
- 2 œufs
- ¾ tasse (75 ml) de babeurre
- ½ tasse (125 ml) de confiture de framboises sans graines
- Glaçage pour petits fours (recette plus bas)
- Décorations variées, par exemple des brisures multi-colores, des écorces de cho-colat, des billes argent, etc.

Donne 48 petits fours

1 Préchauffer le four à 350 °F (180 °C). Graisser et enfariner un moule de 13 x 9 po (33 x 23 cm). Dans un bol, mélanger ensemble la farine, les amandes, la levure chimique, le bicarbonate de sodium et le sel ; réserver.

2 Dans le bol du batteur sur socle, battre le beurre, le sucre et l'extrait d'amande à vitesse moyenne pendant 2 minutes ; racler le bol à quelques reprises. Incorporer les œufs à basse vitesse jusqu'à ce qu'ils soient bien mélangés.

3 Incorporer en 3 ajouts le mélange à base de farine en alternance avec le babeurre, toujours à basse vitesse, racler le bol de temps à autre. Étendre uniformément dans le moule préparé.

4 Cuire pendant environ 25 à 30 minutes ou jusqu'à ce que le gâteau soit ferme mais moelleux au toucher. Laisser refroidir 10 minutes dans le moule. Décoller le contour et renverser sur une grille pour laisser refroidir complètement. Trancher en deux à l'horizontale. Étendre la confiture du côté coupé du gâteau. Déposer la deuxième moitié de gâteau sur celle tartinée de confiture.

5 Préparer le glaçage pour petits fours. Pendant que le mélange à base de sucre à glacer cuit, couper le gâteau en 48 morceaux. Déposer les morceaux de gâteaux sur la grille au-dessus du moule pour rattraper les égouttures. Pendant que le glaçage est chaud, l'étendre à la cuillère sur les gâteaux en prenant soin de glacer les côtés. Décorer au goût. Dès que le glaçage est tout juste ferme au toucher, transférer les gâteaux sur un plateau recouvert de papier ciré.

Glaçage pour petits fours

- 4 tasses (1 l) de sucre granulé
- ¼ c. à thé (1 ml) de crème de tartre
- 2 tasses (500 ml) d'eau
- 3 tasses (750 ml) de sucre en poudre
- ¼ c. à thé (1 ml) d'extrait d'amande ou ½ c. à thé (2 ml) d'essence de vanille

Donne 3½ tasses (875 ml) de glaçage

1 Dans une casserole de 8 tasses (2 l) à fond épais, mélanger ensemble le sucre granulé, la crème de tartre et l'eau. Porter à ébullition à feu moyen-élevé. Cuire sans remuer jusqu'à ce que la température atteigne 230 °F (110 °C) sur un thermomètre à bonbon.

2 Retirer le sirop du feu. Verser dans un bol à mélanger. Incorporer progressivement le sucre en poudre et l'extrait au mélange à base de sirop jusqu'à ce que le glaçage soit suffisamment épais pour enduire une cuillère de métal. Transférer le glaçage dans une tasse à mesurer de 4 tasses (1 l) allant au four à micro-ondes. Ajouter du sucre en poudre pour obtenir un glaçage plus épais ou de l'eau pour obtenir un glaçage plus liquide, 1 cuillère à thé (5 ml) à la fois.

Baklava

- 4 tasses (1 l) d'amandes effilées ou noix de Grenoble (1 lb ou 450 g)
- 1 1/4 tasse (310 ml) de sucre, divisé
- 2 c. à thé (10 ml) de cannelle moulue
- 1/4 c. à thé (1 ml) de clou de girofle moulu
- 1 paquet (16 oz ou 450 g) de pâte filo congelée (environ 20 feuilles), décongelée
- 1 tasse (250 ml) de beurre, fondu
- 1 1/2 tasse (375 ml) d'eau
- 3/4 tasse (175 ml) de miel
- 2 lanières (2 po ou 5 cm de longueur) de zeste de citron
- 1 c. à soupe (15 ml) de jus de citron, fraîchement pressé
- 1 bâton de cannelle
- 3 clous de girofle entiers

Donne environ 32 morceaux

1 Déposer la moitié des noix au robot culinaire. Mixer en pulsant jusqu'à ce que les noix soient finement hachées, mais non pâteuses. Retirer du contenant. Répéter avec le reste des noix

2 Dans un bol moyen, combiner les noix, 1/2 tasse (125 ml) de sucre, la cannelle et le clou de girofle ; bien mélanger.

3 Dérouler la pâte filo et la placer sur une grande feuille de papier ciré. Couper les feuilles en deux, dans le sens de la largeur, pour former 2 piles d'environ 13 x 9 po (33 x 23 cm). Recouvrir la pâte filo d'une pellicule plastique et d'un linge de cuisine propre humide.

4 Préchauffer le four à 325 °F (160 °C). Badigeonner un plat allant au four de 13 x 9 po (33 x 23 cm) de beurre fondu. Déposer 1 feuille de pâte filo au fond du plat en repliant les côtés si la feuille est trop longue ; badigeonner de beurre. Répéter avec les 7 autres feuilles de pâte filo en badigeonnant de beurre la surface de chaque feuille au fur et à mesure qu'elles sont empilées. Saupoudrer uniformément d'environ 1/2 tasse (125 ml) du mélange à base de noix.

5 Garnir les noix de 3 feuilles de pâte filo, en n'oubliant pas de badigeonner chacune de beurre. Saupoudrer d'une autre 1/2 tasse (125 ml) du mélange à base de noix. Répéter la superposition et le badigeonnage de 3 feuilles de pâte avec 1/2 tasse (125 ml) de mélange à base de noix jusqu'à ce qu'il y ait 8 épaisseurs de 3 feuilles. Garnir la dernière épaisseur de noix.

6 Couper le baklava dans le sens de la longueur en 4 morceaux égaux, puis en diagonale à intervalles de 1 1/2 po (3,75 cm) pour former des diamants. Saupoudrer le dessus d'un peu d'eau pour empêcher la couche supérieure de frisotter pendant la cuisson. Cuire de 50 à 60 minutes ou jusqu'à ce que la surface soit dorée.

7 Pour préparer le sirop, combiner, dans une casserole moyenne, 1 1/2 tasse (375 ml) d'eau, 3/4 tasse (175 ml) de sucre, le miel, le zeste de citron, le jus de citron, le bâton de cannelle et le clou de girofle. Porter à ébullition à feu élevé. Réduire le feu à faible intensité et laisser mijoter pendant 15 minutes. Passer le sirop chaud ; en napper les baklavas uniformément. Laisser refroidir complètement avant de servir.

Poulet rôti façon persane avec sa sauce aux noix de Grenoble et à la grenade *(recette à la page 146)*

Plats principaux

Point focal du repas, le plat principal est celui qui attire le plus l'attention. Pourquoi ne pas s'organiser pour qu'il soit élégant et mémorable ?

Ces recettes vous proposent des mets très simples presque directement sortis du jardin, tout autant que des plats gourmets comme le saumon glacé à l'orange et le poulet rôti façon persane. Lisez sans crainte, votre chef intérieur se révélera et vous dépasserez de nouvelles frontières de saveurs ou bâtirez solidement à partir de celles qui vous sont déjà familières. Osez !

Poulet rôti façon persane avec sa sauce aux noix de Grenoble et à la grenade

(photo à la page144)

- 1 c. à soupe (15 ml) de cumin moulu
- 1 c. à soupe (15 ml) de jus de citron, fraîchement pressé
- 2 c. à thé (10 ml) de zeste de citron, râpé
- 1 c. à thé (5 ml) de curcuma
- 1/4 c. à thé (1 ml) de pistils de safran, légèrement écrasés
- 1/8 c. à thé (0,5 ml) de cannelle moulue
- 1 c. à thé (5 ml) de sel
- 1/4 c. à thé (1 ml) de poivre noir
- 1 poulet (4 1/2 à 5 lb ou 2 à 2,25 kg), coupé en 8 morceaux
- 2 c. à soupe (30 ml) d'huile d'olive
- Sauce aux noix de Grenoble et à la grenade (recette ci-contre)
- Pépins de grenade fraîche (facultatif)

Donne 4 portions

1 Préchauffer le four à 375 °F (190 °C). Vaporiser une rôtissoire d'aérosol de cuisson antiadhésif.

2 Dans un bol, combiner le cumin, le jus de citron, le zeste de citron, le curcuma, le safran, la cannelle, le sel et le poivre ; mélanger pour former une pâte. Frotter le mélange sur le poulet et l'en enduire légèrement. Dans une grande poêle, chauffer l'huile à feu moyen-élevé. Ajouter le poulet, en plusieurs fois si nécessaire, et cuire jusqu'à ce qu'il soit légèrement doré, soit environ 4 minutes par côté. Transférer dans la rôtissoire et faire rôtir jusqu'à ce qu'un thermomètre inséré dans la partie la plus épaisse de chaque morceau de poulet affiche 170 °F (75 °C), soit environ de 25 à 28 minutes.

3 Déposer 2 morceaux de poulet dans chacune des 4 assiettes. Garnir de sauce et de pépins de grenade.

Sauce aux noix de Grenoble et à la grenade

- 2 tasses (500 ml) d'oignon finement tranché
- 2 tasses (500 ml) de jus de grenade non sucré
- 1/2 tasse (125 ml) de sucre
- 1/2 c. à thé (2 ml) de cumin moulu
- 1/8 c. à thé (0,5 ml) de pistils de safran légèrement écrasés
- 1/4 tasse (60 ml) de noix de Grenoble, finement hachées
- 1/4 c. à thé (1 ml) de sel
- 1/4 c. à thé (1 ml) de poivre noir

Chauffer une poêle à frire sur un feu moyen-élevé et y ajouter les oignons. Cuire, en remuant souvent, jusqu'à ce que l'oignon soit doré, soit de 8 à 10 minutes. Incorporer le jus de grenade, le sucre, le cumin et le safran. Porter à ébullition et cuire, en remuant à l'occasion, jusqu'à ce que le mélange soit sirupeux et qu'il ait réduit environ de moitié, soit de 10 à 11 minutes. Retirer du feu et incorporer les noix de Grenoble ; saler et poivrer.

Pétoncles à la provençale

- 1 c. à soupe (15 ml) de beurre
- 1 c. à soupe (15 ml) d'huile d'olive
- 4 gousses d'ail, finement hachées
- 1 lb (450 g) de pétoncles de baie ou de pétoncles géants
- ¼ lb (112 g) de champignons frais, tranchés en morceaux de ¼ po (6 mm)
- 1 boîte (28 oz ou 840 g) de tomates italiennes, épépinées et grossièrement hachées, leur jus réservé
- 2 c. à soupe (30 ml) de vin rouge
- 2 c. à soupe (30 ml) de persil frais, haché
- 1 c. à soupe (15 ml) de jus de citron
- ¼ c. à thé (1 ml) d'origan séché
- ¼ c. à thé (1 ml) de basilic séché
- Sel et poivre noir
- Riz cuit chaud

ASTUCE

Lorsque vous choisissez les pétoncles, optez pour ceux qui sont translucides et luisants, et qui ont un arôme doux.

Donne 4 portions

1 Dans une poêle à frire de 12 po (30 cm), sur un feu moyen, chauffer le beurre et l'huile. Ajouter l'ail et cuire en remuant pendant 1 minute. Ajouter les pétoncles et cuire en remuant pendant 1 minute. Ajouter les champignons et cuire 1 minute de plus.

2 Ajouter les tomates et leur jus, le vin rouge, le persil, le jus de citron et l'origan ; bien mélanger. Réduire le feu et laisser mijoter de 5 à 7 minutes. Goûter et assaisonner de basilic, de sel et de poivre au goût. Servir immédiatement sur du riz cuit bien chaud.

Poitrine de dinde fumée
en pâte de chipotles

- Copeaux de mesquite ou de hickory
- 2 c. à thé (30 ml) de cassonade foncée tassée
- 2 c. à soupe (30 ml) de cumin moulu
- 1 c. à soupe (15 ml) de poudre d'ail
- 1 c. à soupe (15 ml) de paprika fumé
- 1 c. à soupe (15 ml) de sel
- 2 c. à thé (10 ml) de chipotles moulus
- 1 c. à thé (5 ml) de poudre de chili
- ¼ tasse (60 ml) de beurre non salé, ramolli
- 1 poitrine de dinde fumée avec la peau et l'os (5½ à 6 lb ou 2,5 à 2,7 kg), asséchée

Donne 8 à 10 portions

1 Préparer le gril du barbecue pour une cuisson indirecte d'intensité moyenne-élevée, soit environ 325 °F à 350 °F (160 à 180 °C). Déposer les copeaux de bois dans un bol d'eau ; laisser tremper pendant au moins 30 minutes.

2 Dans un bol, combiner la cassonade, le cumin, la poudre d'ail, le paprika, le sel, les poudres de chipotle et de chili ; bien mélanger. Déposer 2 c. à soupe (30 ml) de ce mélange dans un autre bol ; mélanger avec du beurre jusqu'à homogénéité.

3 Avec les doigts, décoller délicatement la peau de la poitrine. Étendre le mélange à base de beurre sous la peau, directement sur la chair. Frotter la peau et la cavité de la dinde avec le reste du mélange à base d'épices.

4 Retirer une partie des copeaux de bois de l'eau ; les placer dans un petit plat en aluminium. Déposer le plat sous le gril, directement sur la source de chaleur. Laisser le bois commencer à brûler, soit environ 10 minutes. Déposer la dinde sur la grille, à distance de la source de chaleur ; fermer le couvercle et cuire pendant 1 heure.

5 Ajouter des copeaux de bois après 1 heure. Faire griller la dinde jusqu'à ce qu'un thermomètre inséré dans la portion la plus épaisse de la chair affiche 170 °F (75 °C). Transférer sur une planche à découper ; laisser reposer pendant environ 10 minutes avant de trancher.

Biftecks d'aloyau avec sauce chimichurri

- 4 biftecks d'aloyau avec l'os (8 oz ou 225 g) d'environ 1 po (2,5 cm) d'épaisseur
- ¾ c. à thé (4 ml) de cumin moulu
- ¾ c. à thé (4 ml) de sel
- ¼ c. à thé (1 ml) de poivre noir
- Chimichurri (recette ci-dessous)

Donne 4 portions

1 Préparer le gril du barbecue pour une cuisson directe à température élevée. Saupoudrer les deux côtés des biftecks de cumin, de sel et de poivre. Déposer sur une grille huilée, au-dessus de la source de chaleur.

2 Faire griller les biftecks, en les retournant une fois, de 4 à 5 minutes par côté pour une cuisson saignante ou de 5 à 7 minutes pour une cuisson moyenne. Déposer les biftecks dans les 4 assiettes de service ; servir avec la sauce chimichurri.

Sauce chimichurri

- ½ tasse (125 ml) de feuilles de basilic frais tassées
- ¼ tasse (60 ml) de persil frais, haché tassé
- ⅓ tasse (75 ml) d'huile d'olive extra vierge
- 2 c. à soupe (30 ml) de feuilles de coriandre fraîche tassée
- 1 gousse d'ail
- 2 c. à soupe (30 ml) de jus de lime
- ¼ c. à thé (1 ml) de coriandre moulue
- ½ c. à thé (2 ml) de zeste d'orange, râpé
- ½ c. à thé (2 ml) de sel
- ⅛ c. à thé (0,5 ml) de poivre noir

Combiner tous les ingrédients dans le contenant du mélangeur. Réduire en purée.

Côtelettes de porc
avec pommes et patates douces

- 4 tranches de bacon
- 4 côtelettes de longe de porc (1 po ou 2,5 cm d'épaisseur), le gras enlevé
- 1 c. à soupe (15 ml) de jus de citron
- 3 patates douces moyennes, pelées et râpées
- 3 pommes moyennes, pelées, évidées et râpées
- 1 petit oignon, râpé
- 1/4 c. à thé (1 ml) de sel
- 1/8 c. à thé (0,5 ml) de poivre noir
- 1/8 c. à thé (0,5 ml) de muscade moulue
- 1/4 c. à thé (1 ml) de cerfeuil séché
- 1 c. à soupe (15 ml) de persil frais, haché

Donne 4 portions

1 À feu moyen-élevé, cuire le bacon, dans une poêle à frire moyenne, jusqu'à ce qu'il soit croustillant. Égoutter tout le gras, sauf 1 c. à soupe (15 ml). Émietter le bacon et réserver.

2 Frotter les côtelettes de porc de jus de citron ; faire dorer dans le gras de bacon. Retirer de la poêle et réserver. Égoutter tout le gras, sauf 1 c. à soupe (15 ml). Ajouter les patates douces, les pommes et l'oignon. Cuire pendant 5 minutes, en remuant à l'occasion. Ajouter le sel, le poivre, la muscade et le cerfeuil ; bien mélanger.

3 Verser le mélange à base de légumes dans un plat graissé de 9 x 9 x 2 po (23 x 23 x 5 cm). Disposer les côtelettes de porc sur le mélange ; saupoudrer de persil haché et de bacon émietté. Couvrir et cuire à 350 °F (180 °C) de 50 à 60 minutes ou jusqu'à ce que les côtelettes de porc soient tendres. Servir immédiatement.

Filet de porc rôti
avec sa salsa de prunes fraîches

- 2 ou 3 limes
- Salsa de prunes fraîches (recette à la page suivante)
- 1 filet de porc entier paré (environ 1 lb ou 450 g)
- 1/3 tasse (75 ml) de sauce soja
- 1 c. à soupe (15 ml) d'huile de sésame foncée
- 2 gousses d'ail, finement hachées
- 2 c. à soupe (30 ml) de cassonade tassée
- Quartiers de lime (facultatif)
- Tiges de coriandre fraîche (facultatif)

Donne 4 portions

1 Couper les limes en deux, dans le sens de la largeur ; en extraire le jus à l'aide d'un presse-agrumes et le verser dans une tasse à mesurer. Mesurer 2 c. à soupe (30 ml) ; réserver. Préparer la salsa aux prunes fraîches avec le reste du jus.

2 Déposer le filet dans un grand sac en plastique refermable pour aliments. Mélanger, dans un petit bol, la sauce soja, 2 c. à soupe (30 ml) de jus de lime, l'huile et l'ail. Verser sur le filet de porc. Fermer le sac hermétiquement ; le retourner pour bien enrober le filet. Mariner au réfrigérateur jusqu'au lendemain, en retournant le sac à quelques reprises.

3 Préchauffer le four à 375 °F (190 °C). Égoutter le filet et réserver 2 c. à soupe de marinade. Dans une petite casserole, combiner la marinade réservée et le sucre. Porter à ébullition à feu moyen-élevé. Cuire pendant 1 minute, en remuant une fois ; réserver.

4 Pour veiller à une cuisson uniforme, replier la plus petite extrémité du filet sous celui-ci et ainsi créer une épaisseur uniforme. Fixer avec de la ficelle de boucher. Déposer le filet sur une étagère à viande, dans une rôtissoire peu profonde. Badigeonner du mélange à base de sucre réservé.

5 Insérer un thermomètre à viande dans le filet. Cuire pendant 15 minutes ; badigeonner du reste du mélange à base de sucre. Cuire pendant 10 minutes de plus ou jusqu'à ce que le thermomètre affiche 160 °F (70 °C).

6 Transférer le rôti sur une planche à découper ; recouvrir d'une feuille d'aluminium. Laisser reposer pendant 10 minutes. Retirer la ficelle et la jeter. Couper le filet en tranches minces. Servir avec la salsa aux prunes fraîches. Garnir de quartiers de lime et de coriandre.

Salsa aux prunes fraîches

Donne 1 tasse (250 ml)

2 tasses (500 ml) de prunes rouges, grossièrement hachées (environ 3)
2 c. à soupe (30 ml) d'oignon vert, haché
2 c. à soupe (30 ml) de cassonade tassée
1 c. à soupe (15 ml) de coriandre fraîche, hachée
2 c. à thé (10 ml) de jus de lime, fraîchement pressé
1 pincée de piment rouge moulu

Combiner tous les ingrédients dans un petit bol. Couvrir et réfrigérer pendant au moins 2 heures.

Rôti de côte en croûte de moutarde

- 1 rôti de côte de bœuf (3 côtes) paré* (6 à 7 lb ou 2,7 à 3,15 kg)
- 3 c. à soupe (45 ml) de moutarde de Dijon
- 1 c. à soupe (15 ml) plus 1 ½ c. à thé (7 ml) d'estragon frais, haché ou 1 ½ c. à thé (7 ml) d'estragon séché
- 3 gousses d'ail, finement hachées
- ¼ tasse (60 ml) de vin rouge sec
- ⅓ tasse (75 ml) d'échalote française, finement hachée (environ 2 échalotes)
- 1 c. à soupe (15 ml) de farine tout usage
- 1 tasse (250 ml) de bouillon de bœuf
- Purée de pommes de terre (facultatif)

** Demandez à votre boucher de retirer l'os de l'échine (colonne vertébrale) pour faciliter le dépeçage. Parer en laissant ¼ po (6 mm) de gras.*

Donne 6 à 8 portions

1 Préchauffer le four à 450 °F (220 °C). Placer le rôti, côté os vers le bas, dans une rôtissoire peu profonde. Dans un petit bol, combiner la moutarde, l'estragon et l'ail ; étendre sur toutes les surfaces du rôti, sauf le dessous. Insérer le thermomètre à viande dans la portion la plus épaisse du rôti, sans toucher l'os ou le gras. Rôtir pendant 10 minutes.

2 Réduire la température du four à 350 °F (180 °C). Faire rôtir de 2 h 30 à 3 heures pour obtenir une cuisson moyenne, ou jusqu'à ce que la température interne de la viande atteigne 145 °F (62 °C) lorsqu'on insère un thermomètre à viande dans la partie la plus épaisse du rôti, sans toucher l'os.

3 Transférer le rôti sur la planche à découper ; recouvrir d'une feuille d'aluminium. Laisser reposer de 10 à 15 minutes avant de le dépecer. La température interne continuera d'augmenter de 5 °F à 10 °F pendant le temps d'attente.

4 Pour faire la sauce, verser le jus de cuisson de la rôtissoire, réserver 1 c. à soupe (15 ml) dans une casserole moyenne. Ajouter le vin dans la rôtissoire ; déposer sur 2 brûleurs. Cuire à feu moyen pendant 2 minutes ou jusqu'à ce que la sauce épaississe légèrement, en remuant pour gratter ce qui a collé au fond ; réserver.

5 Ajouter les échalotes au jus de cuisson réservé, dans la casserole ; cuire et remuer à feu moyen pendant 4 minutes ou jusqu'à que l'échalote tombe. Ajouter la farine ; cuire et remuer pendant 1 minute. Ajouter le bouillon et le mélange à base de vin ; cuire pendant 5 minutes ou jusqu'à ce que la sauce épaississe, en remuant à l'occasion. Passer la sauce au tamis en écrasant l'échalote avec le dos d'une cuillère et verser dans la saucière ; jeter les solides.

6 Couper le rôti en tranches de ½ po (1,25 cm) d'épaisseur. Servir avec la sauce et une purée de pommes de terre, si désiré.

Bœuf au gingembre et aux pois mange-tout

- 3 c. à soupe (45 ml) d'huile d'arachide
- 2 gousses d'ail, finement hachées
- 1 lb (450 g) de surlonge, finement tranchée
- 1 gros oignon, tranché
- 2 c. à soupe (30 ml) de sherry
- 1 paquet (6 oz/180 g) de pois mange-tout surgelés, décongelés
- 1/4 lb (112 g) de champignons, tranchés
- 3/4 tasse (175 ml) de bouillon de bœuf
- 2 c. à soupe (30 ml) de fécule de maïs
- 2 c. à soupe (30 ml) de sauce soja
- 3/4 c. à thé (4 ml) de sel
- 1/8 c. à thé (0,5 ml) de poivre noir
- 1/4 c. à thé (1 ml) de gingembre moulu
- Riz cuit chaud

Donne 4 à 6 portions

1 Chauffer 1 c. à soupe (15 ml) d'huile dans une poêle à frire ou dans un wok, à feu moyen. Ajouter l'ail et la viande. Faire sauter pendant 3 minutes ou jusqu'à ce que la viande soit cuite. Retirer de la poêle et réserver.

2 Chauffer le reste de l'huile dans la poêle ou dans le wok. Ajouter l'oignon et faire sauter pendant environ 1 minute. Ajouter le sherry et cuire pendant 30 secondes. Ajouter les pois mange-tout et sauter pendant 1 minute. Ajouter les champignons et sauter pendant 1 minute de plus.

3 Remettre le bœuf dans la poêle ou dans le wok. Mélanger le bouillon de bœuf, la fécule de maïs, la sauce soja, le sel, le poivre et le gingembre moulu. Ajouter à la poêle et cuire, en remuant à l'occasion, jusqu'à ce que le mélange épaississe. Servir immédiatement sur du riz cuit bien chaud.

Agneau braisé à la méditerranéenne

- 1/4 tasse (60 ml) de farine tout usage
- 1 c. à thé (5 ml) de sel
- 1/4 c. à thé (1 ml) de poivre noir
- 3 lb (1,35 kg) de côtelettes ou de jarret d'agneau
- 2 c. à soupe (30 ml) d'huile d'olive
- 2 carottes, pelées et râpées
- 1 gros oignon, tranché
- 1/4 lb (112 g) de haricots verts frais, coupés en tronçons
- 1 gousse d'ail, finement hachée
- 1/2 tasse (125 ml) de vin blanc sec
- 1/2 tasse (125 ml) d'eau
- 1 boîte (6 oz ou 180 g) de concentré de tomate
- 3 c. à soupe (45 ml) d'aneth frais, haché
- 2 c. à soupe (30 ml) de persil frais, haché
- 1 c. à thé (5 ml) d'origan séché

Donne 4 portions

1 Combiner la farine, le sel et le poivre ; enfariner la viande avec ce mélange. Dans une poêle à frire de 12 po (30 cm), sur un feu moyen, chauffer l'huile. Saisir la viande de tous les côtés. Retirer les morceaux de viande de la poêle et égoutter le surplus de gras. Ajouter les carottes, l'oignon, les haricots verts et l'ail. Cuire pendant 2 minutes en remuant.

2 Déposer les légumes dans un plat graissé de 13 x 9 x 2 po (33 x 23 x 5 cm). Disposer la viande sur le dessus. Dans un bol, combiner le vin blanc, l'eau, le concentré de tomate, l'aneth, le persil et l'origan. Verser sur la viande et sur les légumes. Couvrir et cuire à 350 °F (180 °C) pendant 2 heures ou jusqu'à ce que la viande soit tendre. Servir immédiatement.

Roulé de bœuf

- 1½ lb (675 g) de bœuf haché
- 1½ tasse (375 ml) pain frais, émietté
- 2 œufs
- ¾ tasse (175 ml) de lait
- ½ tasse (125 ml) de ketchup
- ¼ tasse (60 ml) de parmesan
- ¼ tasse (60 ml) de persil frais, haché
- 1½ c. à thé (7 ml) d'origan séché
- ⅛ c. à thé (0,5 ml) de poudre d'ail
- ½ c. à thé (2 ml) de sel
- ¼ c. à thé (1 ml) de poivre noir
- 2 paquets (10 oz ou 285 g chacun) d'épinards surgelés, hachés et décongelés
- 1 tasse (250 ml) de ricotta

Donne 14 portions (1 po ou 2,5 cm)

1 Dans un grand bol, combiner le bœuf haché, les miettes de pain, les œufs, le lait, le ketchup, le parmesan, le persil, l'origan, la poudre d'ail, le sel et le poivre. Bien mélanger avec les mains jusqu'à ce que tous les ingrédients soient bien mêlés. Déposer sur du papier ciré et former un rectangle de 10 x 14 po (30 x 35 cm).

2 Déposer les épinards sur un linge et essorer jusqu'à ce qu'ils soient bien secs. Déposer les épinards et le ricotta dans le bol du batteur sur socle. Actionner le batteur à basse vitesse et mixer pendant 1 minute. Étendre le mélange à base d'épinards sur la viande. Rouler, en commençant par le côté le plus long. Comprimer les rebords et les extrémités du rouleau pour qu'il tienne bien.

3 Déposer sur une plaque de cuisson graissée, côté « couture » vers le bas. Cuire au four à 350 °F (180 °C) pendant 1 heure. Servir immédiatement.

Piccata de poulet

- 3 c. à soupe (45 ml) de farine tout usage
- ½ c. à thé (2 ml) de sel
- ¼ c. à thé (1 ml) de poivre noir
- 4 poitrines de poulet sans peau (environ 4 oz ou 120 g chacune)
- 2 c. à thé (10 ml) d'huile d'olive
- 1 c. à thé (5 ml) de beurre
- 2 gousses d'ail, finement hachées
- ¾ tasse (175 ml) de bouillon de poulet sans gras à teneur réduite en sel
- 1 c. à soupe (15 ml) de jus de citron frais
- 2 c. à soupe (30 ml) de persil italien frais, haché
- 1 c. à soupe (15 ml) de câpres, égouttées

Donne 4 portions

1 Dans un plat peu profond, combiner la farine, le sel et le poivre. Réserver 1 c. à soupe (15 ml) du mélange à base de farine.

2 Placez le poulet entre deux feuilles de pellicule plastique. À l'aide du côté plat d'un attendrisseur à viande ou un rouleau à pâte, aplatir le poulet à ½ po (1,25 cm) d'épaisseur. Enfariner le poulet et secouer l'excédent.

3 Dans une grande poêle à frire antiadhésive, chauffer l'huile et le beurre, à feu moyen, jusqu'à ce que le beurre soit fondu. Cuire le poulet de 4 à 5 minutes par côté ou jusqu'à ce que le centre ne soit plus rose. Transférer sur un plateau et recouvrir de papier d'aluminium.

4 Ajouter l'ail dans la poêle ; cuire et remuer à feu moyen pendant 1 minute. Ajouter le mélange à base de farine réservé ; cuire et remuer pendant 1 minute. Ajouter le bouillon et le jus de citron ; cuire pendant 2 minutes, en remuant souvent, jusqu'à ce que la sauce épaississe. Incorporer le persil et les câpres ; verser la sauce sur le poulet, à l'aide d'une cuillère.

Poulets de Cornouailles farcis au riz sauvage

- 2 c. à soupe (30 ml) de beurre
- 2 branches de céleri en morceaux de ½ po (1,25 cm)
- ¾ tasse (175 ml) d'abricots séchés
- 2 tasses (500 ml) de riz blanc et de riz sauvage, cuits
- ½ c. à thé (2 ml) de sel
- ⅛ c. à thé (0,5 ml) de quatre-épices moulue
- 4 poulets de Cornouailles
- 8 tranches de bacon

Donne 4 portions

1 Dans une poêle à frire, chauffer le beurre à feu moyen. Ajouter le céleri et cuire en remuant pendant 2 minutes. Retirer le céleri de la poêle et réserver.

2 Déposer le céleri et les abricots dans le contenant du robot culinaire ; pulser jusqu'à ce qu'ils soient grossièrement hachés. Ajouter le beurre de la poêle, le riz, le sel et les quatre-épices ; bien mélanger.

3 Farcir chaque poulet de ce mélange. Brider les poulets et entrecroiser 2 tranches de bacon sur chaque poulet. Déposer sur une grille, dans un plat et cuire à 350 °F (180 °C) de 1 h 30 à 2 heures. Servir immédiatement.

Porc moo shu

- ½ lb (225 g) de longe de porc désossée, finement tranchée
- 1 c. à soupe (15 ml) de sherry
- 1 c. à soupe (15 ml) de sauce soja
- 1 c. à thé (5 ml) de fécule de maïs
- ½ c. à thé (2 ml) de sucre
- ¼ c. à thé (1 ml) de gingembre moulu
- 4 c. à thé (20 ml) d'huile végétale
- 3 œufs battus
- ¼ chou, tranché
- 1 branche de céleri, tranchée
- ½ tasse (125 ml) d'oignons verts, hachés finement
- 1 c. à thé (5 ml) de graines de sésame

Donne 4 portions

1 Dans un bol de format moyen, combiner le porc, le sherry, la sauce soja, la fécule de maïs, le sucre et le gingembre moulu ; bien mélanger et réserver.

2 Chauffer 2 c. à soupe (30 ml) d'huile dans une poêle à frire ou dans un wok, à feu moyen. Ajouter les œufs et les brouiller jusqu'à ce qu'ils soient très cuits ; séparer en petits morceaux. Retirer de la poêle et réserver.

3 Chauffer le reste de l'huile dans la poêle et ajouter le mélange à base de porc. Faire sauter jusqu'à ce que le porc soit bien cuit. Ajouter le chou et le céleri, puis faire sauter pendant 2 minutes. Ajouter les œufs, les oignons verts et les graines de sésame. Faire sauter pendant 1 minute. Servir immédiatement.

Saumon glacé à l'orange

Pour glacer

- 2 c. à soupe (30 ml) de jus d'orange
- 2 c. à soupe (30 ml) de sauce soja
- 1 c. à soupe (15 ml) de miel
- 3/4 c. à thé (175 ml) de gingembre frais râpé
- 1/2 c. à thé (2 ml) de vinaigre de vin de riz
- 1/4 c. à thé (1 ml) d'huile de sésame

Saumon

- 4 filets de saumon (environ 6 oz ou 180 g) chacun
- 1/2 c. à thé (2 ml) de sel
- 1/4 c. à thé (1 ml) de poivre noir
- 1 c. à soupe (15 ml) d'huile d'olive

Donne 4 portions

1 Pour préparer le glaçage, fouetter, dans un petit bol, le jus d'orange, la sauce soja, le miel, le gingembre, le vinaigre et l'huile de sésame ; réserver.

2 Saler et poivrer le saumon. Dans une poêle antiadhésive moyenne, chauffer l'huile à feu moyen-élevé. Déposer le saumon, côté peau vers le haut, dans la poêle ; badigeonner de glaçage. Cuire le saumon pendant 4 minutes ou jusqu'à ce que le centre soit opaque. Le retourner délicatement ; badigeonner de glaçage. Cuire pendant 4 minutes ou jusqu'à ce que le saumon s'émiette à peine à la fourchette. Transférer le saumon dans une assiette ; couvrir et garder au chaud.

3 Pendant ce temps, verser le reste du glaçage dans une petite casserole ; cuire et remuer jusqu'à ce que le mélange ait épaissi et réduit à environ 2 c. à soupe (30 ml). Servir sur le saumon.

Plie florentine

- 5 c. à soupe (75 ml) de beurre, divisé
- 2 c. à soupe (30 ml) de farine tout usage
- 1/8 c. à thé (0,5 ml) de muscade moulue
- 1 c. à thé (5 ml) de sel
- 1/4 c. à thé (1 ml) de poivre noir
- 2/3 tasse (150 ml) de lait
- 1 paquet (10 oz ou 285 g) d'épinards surgelés, hachés et décongelés
- 1 gousse d'ail
- 1 petit oignon, en quartiers
- 1 c. à soupe (15 ml) d'huile d'olive
- 1 c. à soupe (15 ml) de jus de citron
- 3 c. à soupe (45 ml) de pain frais, émietté
- 4 filets de plie fraîche (4 oz ou 120 g chacun)

Donne 4 portions

1 Faire fondre 2 c. à soupe (30 ml) de beurre, à feu moyen, dans une petite casserole. Ajouter la farine et cuire pendant 1 minute. Incorporer la muscade, le sel et le poivre. Ajouter progressivement le lait, en remuant à l'occasion, jusqu'à ce que le mélange épaississe. Retirer du feu et réserver.

2 Déposer les épinards dans un linge et essorer jusqu'à ce qu'ils soient bien secs. Déposer les épinards, l'ail et l'oignon au robot culinaire ; pulser jusqu'à ce qu'ils soient finement hachés.

3 Dans une poêle à frire de 12 po (30 cm), sur un feu moyen, chauffer l'huile. Ajouter le mélange aux épinards et le jus de citron ; cuire pendant 2 minutes. Ajouter le mélange à base de lait (sauce béchamel) et cuire pendant 1 minute de plus.

4 Déposer un quart de ce mélange sur chaque filet de plie. Rouler le filet et le fixer avec un cure-dents. Déposer les rouleaux dans un plat graissé de 9 x 9 x 2 po (23 x 23 x 5 cm).

5 Saupoudrer de miettes de pain et ajouter le reste du beurre. Cuire au four à 350 °F (180 °C) pendant 30 minutes. Servir immédiatement.

Côtelettes d'agneau à la marocaine

1 c. à soupe (15 ml) d'huile d'olive
1 c. à thé (5 ml) de cumin moulu
1 c. à thé (5 ml) de coriandre moulue
3/4 c. à thé (4 ml) de sel
1/8 c. à thé (0,5 ml) de cannelle moulue
1/8 c. à thé (0,5 ml) de piment rouge moulu
4 côtelettes de longe de porc, coupe de centre, de 1 po (2,5 cm) d'épaisseur (env. 1 lb ou 450 g au total)
2 gousses d'ail, finement hachées

ASTUCE

Cette recette peut aussi être réalisée à l'aide d'une poêle à fond cannelé, sur la cuisinière.

Donne 4 portions

1 Préparer le barbecue ou préchauffer le gril du four. Dans un petit bol, combiner l'huile, le cumin, la coriandre, le sel, la cannelle et le piment rouge ; bien mélanger. Frotter ou badigeonner le mélange à base d'huile et saupoudrer d'ail les deux côtés des côtelettes d'agneau.

2 Faire rôtir sur le gril fermé ou sous le gril du four, de 4 à 5 po (10 à 12,5 cm) de la source de chaleur, 5 minutes par côté pour obtenir une cuisson moyenne.

Espadon grillé à la sicilienne

- 3 c. à soupe (45 ml) d'huile d'olive extra vierge
- 1 gousse d'ail, finement hachée
- 2 c. à soupe (30 ml) de jus de citron
- ¾ c. à thé (4 ml) de sel
- ⅛ c. à thé (0,5 ml) de poivre noir
- 3 c. à soupe de câpres, égouttées
- 1 c. à soupe (15 ml) d'origan ou de basilic frais, haché
- 1½ lb (675 g) de steaks d'espadon (¾ po ou 2 cm d'épaisseur)

Donne 4 à 6 portions

1 Préparer le barbecue pour une cuisson directe. Pour préparer la sauce, chauffer l'huile, dans une petite casserole, à feu doux ; ajouter l'ail. Chauffer pendant 1 minute. Retirer du feu ; laisser refroidir légèrement. Incorporer le jus de citron, le sel et le poivre jusqu'à ce que le sel soit dissou. Incorporer les câpres et l'origan.

2 Placer le poisson sur une grille huilée, sur un feu moyen. Faire griller de 7 à 8 minutes ou jusqu'à ce que le centre soit opaque, en retournant les steaks une fois. Servir avec la sauce.

Filet mignon
avec beurre à l'estragon

- 2 filets mignons (8 oz ou 225 g chacun) parés (1,25 à 1 1/2 po ou 3,15 à 3,75 cm) d'épaisseur
- 2 c. à thé (10 ml) d'huile d'olive
- 1/4 c. à thé (1 ml) de sel
- 1/8 c. à thé (0,5 ml) de poivre noir
- 2 c. à soupe (30 ml) de beurre
- 1 gousse d'ail, finement hachée
- 2 c. à thé (10 ml) d'estragon frais, haché ou 3/4 c. à thé (4 ml) d'estragon séché

Donne 2 portions

1 Enduire les steaks d'huile d'olive. Saler et poivrer ; laisser reposer à la température ambiante pendant 15 minutes.

2 Chauffer une poêle à frire à feu moyen-élevé. Cuire les steaks pendant environ 10 minutes, en les retournant une fois, à 140 °F (60 °C) pour obtenir une cuisson saignante. Transférer sur une assiette de service et recouvrir de papier d'aluminium.

3 Faire fondre le beurre dans la même poêle, jusqu'à ce qu'il commence à brunir légèrement, tout en raclant le fond de la poêle pour récupérer ce qui a collé. Ajouter l'ail ; cuire pendant environ 15 secondes ou jusqu'à ce que le mélange embaume. Incorporer l'estragon. Verser la sauce sur les steaks ; servir immédiatement.

Bar rayé en pâte
de haricots noirs à l'asiatique

- 2 bars rayés (1 1/2 lb ou 675 g) nettoyés, têtes et queues intactes, rincés et asséchés
- 1 c. à soupe (15 ml) de gingembre frais, râpé
- 1 paquet d'oignons verts, hachés
- 3 c. à soupe (45 ml) de saké
- 2 c. à soupe (30 ml) de sauce soja réduite en sel
- 2 c. à soupe (30 ml) de sauce à l'ail et aux haricots noirs
- 2 c. à thé (10 ml) de sucre
- 1 c. à thé (5 ml) d'huile de sésame

Donne 4 portions

1 Préchauffer le four à 450 °F (230 °C). Graisser légèrement un moule de 13 x 11 po (33 x 27,5 cm). Pratiquer 3 entailles parallèles d'environ 1/2 po (1,25 cm), de chaque côté du poisson ; frotter de gingembre à l'intérieur des entailles. Saupoudrer la moitié des oignons verts au fond du plat préparé.

2 Dans un petit bol, combiner le saké, la sauce soja, la sauce aux haricots noirs, le sucre et l'huile de sésame. Déposer le poisson sur les oignons verts et verser la moitié du mélange à base de saké sur le poisson. Retourner le poisson et répéter l'opération avec le reste du mélange à base de saké. Saupoudrer du reste des oignons verts ; couvrir de papier d'aluminium.

3 Déposer le plat au centre du four et cuire jusqu'à ce que le poisson soit bien cuit et s'émiette facilement à la fourchette, soit de 30 à 35 minutes. Transférer le poisson dans une assiette ; verser le liquide de cuisson sur le poisson avant de servir.

Carré de côtes d'agneau rôti aux herbes

- ½ tasse (125 ml) de chutney de mangue, haché
- 2 à 3 gousses d'ail, finement hachées
- 2 pavés de côtes (6 côtes chacun) de côtelettes de longe d'agneau (2½ à 3 lb ou 1,125 à 1,35 kg)
- 1 tasse (250 ml) de pain frais, émietté
- 1 c. à soupe (15 ml) de thym frais, haché, ou 1 c. à thé (5 ml) de thym séché
- 1 c. à soupe (15 ml) de romarin frais, haché, ou 1 c. à thé (5 ml) de romarin séché
- 1 c. à soupe (15 ml) d'origan frais, haché, ou 1 c. à thé (5 ml) d'origan séché

Donne 4 portions

1 Préchauffer le four à 400 °F (200 °C). Combiner le chutney et l'ail dans un petit bol ; étendre uniformément sur le côté viande de l'agneau. Combiner le reste des ingrédients dans un autre petit bol ; étendre le mélange à base de chapelure uniformément sur le mélange à base de chutney, sur les côtelettes.

2 Déposer les carrés de côtes d'agneau, côté chapelure vers le haut, sur une grille, dans un plat allant au four. Faire griller de 30 à 35 minutes pour une cuisson moyenne ou jusqu'à ce que la température interne atteigne 145 °F (63 °C) lorsque le thermomètre à viande est inséré dans la portion la plus épaisse de l'agneau, sans toucher l'os.

3 Transférer les côtes sur la planche à découper ; recouvrir d'une feuille d'aluminium. Laisser reposer de 10 à 15 minutes avant de découper. (La température interne continuera d'augmenter de 5 °F à 10 °F pendant le temps d'attente.) À l'aide d'un grand couteau, trancher entre les côtes pour obtenir des côtes individuelles. Servir immédiatement.

Petites côtes levées de dos à la jamaïcaine

- 2 c. à soupe (30 ml) de sucre
- 2 c. à soupe (30 ml) de jus de citron frais
- 1 c. à soupe (15 ml) de sel
- 1 c. à soupe (15 ml) d'huile végétale
- 2 c. à thé (10 ml) de poivre noir
- 2 c. à thé (10 ml) de thym séché
- 3/4 c. à thé (4 ml) de cannelle moulue
- 3/4 c. à thé (4 ml) de muscade moulue
- 3/4 c. à thé (4 ml) de quatre-épices moulues
- 1/2 c. à thé (2 ml) de piment rouge moulu
- 6 lb (2,7 kg) de petites côtes levées de dos, coupées en portions de 3 à 4 côtes
- Sauce barbecue (recette ci-contre)

Donne 6 portions

1 Combiner tous les ingrédients à l'exception des côtes et de la sauce barbecue dans un petit bol ; bien mélanger. Écraser l'assaisonnement sur les côtes. Couvrir ; réfrigérer jusqu'au lendemain. Préparer le gril du barbecue pour une cuisson indirecte. Préparer la sauce barbecue.

2 Déposer les côtes assaisonnées sur la grille, au-dessus du bac récepteur, à feu moyen-bas. Faire griller couvert pendant 1 heure, en les retournant à l'occasion. Badigeonner généreusement les côtes de sauce barbecue ; les faire griller pendant 30 minutes ou jusqu'à ce que les côtes soient tendres et brunies ; les retourner à l'occasion.

3 Porter le reste de la sauce barbecue à ébullition sur un feu moyen-élevé ; faire bouillir pendant au moins 1 minute. Servir les côtes avec le reste de la sauce réchauffée.

Sauce barbecue

Donne environ 2 tasses (500 ml)

- 2 c. à soupe (30 ml) de beurre
- 1/2 tasse (125 ml) d'oignon, finement haché
- 1 1/2 tasse (375 ml) de ketchup
- 1 tasse (250 ml) de gelée de groseilles
- 1/4 tasse (60 ml) de vinaigre de cidre
- 1 c. à soupe (15 ml) de sauce soja
- 1/4 c. à thé (1 ml) de piment rouge moulu
- 1/4 c. à thé (1 ml) de poivre noir moulu

Faire fondre le beurre dans une casserole moyenne, sur un feu moyen-élevé. Ajouter l'oignon ; cuire en remuant jusqu'à ce que l'oignon soit tendre. Ajouter les autres ingrédients en remuant. Réduire le feu à intensité moyenne-basse ; laisser mijoter pendant 20 minutes, en remuant souvent.

Saucisse italienne maison

- 3 lb (1,35 kg) d'épaule de porc, coupée en cubes de 1 po (2,5 cm)*
- 3 c. à thé (15 ml) de sel
- 1 1/2 c. à thé (7 ml) de poivre noir
- 1 1/4 c. à thé (6 ml) de piment rouge moulu
- 2 gousses d'ail, finement hachées
- 1 c. à thé (5 ml) de poudre d'oignon
- 1 c. à thé (5 ml) de paprika
- 1/8 c. à thé (0,5 ml) de marjolaine séchée
- 1/8 c. à thé (0,5 ml) de romarin séché
- 1/8 c. à thé (0,5 ml) de thym séché
- 1/2 tasse (125 ml) de vin rouge sec
- 1 c. à soupe (15 ml) de shortening
- Boyaux naturels ou synthétiques, préparés selon le mode d'emploi.

** Vous pouvez préparer les saucisses avec du porc haché frais du boucher ou du supermarché. Mélanger le porc avec les épices, comme indiqué, puis sauter l'étape 3 et incorporer le vin au porc haché et continuer en suivant les instructions.*

Donne 3 lb (1,35 kg) de saucisses

1 Déposer le porc sur une plaque de métal et congeler pendant 20 minutes. Dans un petit bol, combiner le sel, le poivre noir, le piment rouge, l'ail, la poudre d'oignon, le paprika, la marjolaine, le romarin et le thym. Saupoudrer ce mélange sur le porc ; mélanger doucement pour bien enrober.

2 Passer 1/3 du porc à la fois au robot culinaire (en prenant soin de redéposer le reste au congélateur) jusqu'à ce qu'il soit grossièrement haché ou passer le porc au moulin à viande. Transférer le porc haché dans un grand bol et déposer au congélateur ; répéter l'opération avec le reste du porc.

3 Sortir le porc haché du congélateur. Verser le vin sur le porc haché. Remuer vigoureusement à l'aide d'une cuillère de bois jusqu'à ce que le tout soit bien mélangé.

4 Assembler et refermer les extrémités des saucisses conformément aux instructions du fabricant ; graisser l'embout à l'aide de shortening. Faire glisser les boyaux préparés sur l'embout. Attacher une extrémité du boyau avec de la ficelle de boucher. Suivre les instructions du fabricant pour remplir les boyaux. Torsader la saucisse en chapelet pour créer de plus petites saucisses et réfrigérer ou congeler jusqu'au moment de les consommer.

Moussaka grecque traditionnelle

- 3 aubergines moyennes, en tranches de 1/4 po (6 mm)
- 1/2 tasse (125 ml) d'eau
- 3 oignons moyens, coupés en six
- 2 gousses d'ail
- 2 lb (900 g) d'agneau, désossé et coupé en cubes de 1 po (2,5 cm)
- 2 c. à soupe (30 ml) d'huile d'olive
- 1 boîte (8 oz ou 225 g) de sauce tomate
- 6 c. à soupe (90 ml) de concentré de tomate
- 1 c. à soupe (15 ml) de sucre
- 1/2 tasse (125 ml) de vin rouge sec
- 1/2 c. à thé (2 ml) de cannelle moulue
- 1/2 c. à thé (2 ml) de muscade moulue
- 1 feuille de laurier
- 1/2 c. à thé (2 ml) de basilic séché
- 1/2 c. à thé (2 ml) de sel
- 1/4 c. à thé (1 ml) de poivre noir
- 1/2 tasse (125 ml) de beurre
- 6 c. à soupe (90 ml) de farine tout usage
- 4 tasses (1 l) de lait
- 4 œufs, battus
- 1/2 tasse (125 ml) de chapelure
- 1 3/4 tasse (325 ml) de parmesan, divisé

Donne 8 portions

1 Disposer les tranches d'aubergines dans un plat de 13 x 9 x 2 po (33 x 23 x 5 cm) ; asperger d'eau. Bien couvrir et cuire à 400 °F (200 °C) pendant 30 minutes. Égoutter sur du papier essuie-tout ; réserver.

2 Déposer les oignons, l'ail et l'agneau dans le contenant du robot culinaire ; pulser jusqu'à ce que le tout soit grossièrement haché. Dans une poêle à frire de 12 po (30 cm), sur un feu moyen, chauffer l'huile. Ajouter le mélange à base d'agneau haché et cuire jusqu'à ce qu'il brunisse ; bien égoutter. Ajouter la sauce tomate, le concentré de tomate, le sucre, le vin rouge, la cannelle, la muscade, la feuille de laurier, le basilic, le sel et le poivre ; bien mélanger. Réduire le feu et laisser mijoter pendant 30 minutes. Retirer la feuille de laurier.

3 Faire fondre le beurre dans une grande casserole, à feu moyen. Ajouter la farine et remuer jusqu'à l'obtention d'une consistance lisse. Ajouter progressivement le lait, en remuant sans arrêt ; cuire jusqu'à ce que le mélange épaississe. Ajouter les œufs, la chapelure et 1 1/2 tasse (375 ml) de parmesan. Retirer du feu et réserver.

4 Disposer la moitié des tranches d'aubergine dans le plat de 13 x 9 x 2 po (33 x 23 x 5 cm) graissé. Garnir de la viande. Saupoudrer le reste du parmesan (1/4 tasse ou 60 ml) sur la viande et garnir du reste des aubergines. Verser le mélange à base de lait sur les aubergines. Cuire de 50 à 60 minutes à 350 °F (180 °C) ou jusqu'à ce que le dessus du plat soit bien bruni. Laisser refroidir pendant 15 minutes avant de servir.

Taquitos de haricots noirs
avec salsa de tomatilles carbonisées

Salsa

- 1 piment jalapeño*
- 1 lb (450 g) de tomatilles, non pelées
- 1 petit oignon jaune, non pelé
- 6 gousses d'ail, non pelées
- Jus de ½ lime
- Sel et poivre noir

Taquitos

- 1 boîte (15 oz/450 g) de haricots noirs avec leur jus
- 1 tasse (250 ml) de bouillon de légumes
- 1 c. à thé (5 ml) de sel, divisé
- ½ c. à thé (2 ml) de cumin moulu
- ½ c. à thé (2 ml) de poudre de chili
- 3 gousses d'ail, pelées et hachées
- ¼ tasse (60 ml) de coriandre fraîche, hachée
- Jus de 1 lime
- 10 tortillas de farine
- 2½ tasses (625 ml) de fromage Colby/Monterey Jack, râpé
- 1 tasse (250 ml) de tomates, épépinées et hachées (environ 2 tomates)
- 1 tasse (250 ml) d'oignons verts, finement tranchés

** Les piments jalapeños peuvent brûler et irriter la peau ; portez des gants en caoutchouc lorsque vous manipulez les piments et ne vous touchez pas les yeux.*

Donne 5 portions et 2 tasses (500 ml) de salsa

1 **Pour préparer la salsa :** Dans une grande poêle à frire à fond épais, sur un feu moyen-élevé, cuire les jalapeños non pelés, les tomatilles, l'oignon et l'ail, en remuant souvent, pendant environ 20 minutes ou jusqu'à ce qu'ils soient ramollis et que les peaux soient noircies. Retirer de la poêle et laisser refroidir 5 minutes. Peler les tomatilles, l'oignon et l'ail, puis retirer la tige et les graines des jalapeños ; déposer le tout dans le contenant du mélangeur ou du robot culinaire, avec le jus de lime. Mélanger jusqu'à l'obtention d'une consistance lisse. Saler et poivrer au goût. Réserver.

2 **Pour préparer les taquitos :** Dans une casserole moyenne, déposer les haricots et leur liquide, le bouillon de légumes, ½ c. à thé (2 ml) de sel, le cumin, la poudre de chili et l'ail. Porter à ébullition. Réduire l'intensité du feu ; laisser mijoter pendant 10 minutes ou jusqu'à ce que les haricots soient très mous. Égoutter et réserver le liquide. Réduire le mélange à base de haricots égoutté en purée avec la coriandre, l'autre ½ c. à thé (2 ml) de sel et le jus de lime au mélangeur ou au robot culinaire. (Ajouter le liquide réservé, 1 c. à thé (5 ml) à la fois, si les haricots sont secs.)

3 Préchauffer le four à 450 °F (230 °C). Étendre 1 à 2 c. à soupe (15 à 30 ml) de purée de haricots sur chaque tortilla ; saupoudrer d'environ ¼ tasse (60 ml) de fromage, de 2 c. à soupe (30 ml) de tomates et de 1½ c. à soupe (22 ml) d'oignons verts. Rouler les tortillas très serrées et les déposer dans le plat de 13 x 9 po (33 x 23 cm). Répéter avec le reste des tortillas, en les serrant bien pour qu'elles puissent être déposées dans le plat. (on placera 8 taquitos dans un sens et deux de plus sur les côtés du plat, dans le sens de la longueur.) Cuire de 10 à 15 minutes ou jusqu'à ce qu'ils soient croustillants et brunis, et que le fromage soit fondu. Servir avec la salsa.

Risotto aux cinq champignons *(recette à la page 176)*

Pâtes, riz, et céréales

Presque toutes les cuisines du monde servent des pâtes et des céréales. Chacune prête d'ailleurs ses préparations et ses saveurs uniques à ces ingrédients de base ; les mêmes pâtes peuvent aussi bien servir à créer un spaghetti classique qu'une soupe de nouilles asiatique.

Ces aliments de première nécessité deviennent ici une forme d'expression artistique. Vous apprendrez dans ce livre à faire vos propres pâtes, à ajouter une touche d'élégance à de grands classiques et à explorer les possibilités que présente la cuisine de plusieurs céréales moins bien connues.

Risotto aux cinq champignons

(photo à la page 174)

- 2 c. à soupe (30 ml) d'huile d'olive, divisée
- 3 c. à soupe (45 ml) de beurre, divisé
- 1 échalote, finement hachée
- ¼ tasse (60 ml) de persil frais, haché
- ¼ tasse (60 ml) de vin blanc
- ½ tasse (125 ml) de shiitakes frais, ½ tasse (125 ml) de chanterelles fraîches, ½ tasse (125 ml) de portobellos frais, ½ tasse (125 ml) de pleurotes fraîches et ½ tasse (125 ml) de champignons blancs frais, essuyés pour enlever la terre et coupés en morceaux de ½ po (1,25 cm)
- ½ c. à thé (2 ml) de gros sel
- 1 tasse (250 ml) de riz arborio
- 4 tasses (1 l) de bouillon de poulet ou de légumes, chauffé sans atteindre le point d'ébullition
- ¼ tasse (60 ml) de parmesan râpé
- ½ tasse (125 ml) de crème
- Sel et poivre noir au goût
- Huile de truffe blanche (facultatif)

Donne 4 portions

1 Chauffer 1 c. à soupe (15 ml) d'huile dans une casserole profonde, à feu moyen-élevé ; ajouter 2 c. à soupe (30 ml) de beurre. Une fois le beurre fondu, ajouter l'échalote et cuire en remuant de 30 à 45 secondes ou jusqu'à ce que l'échalote commence à dorer. Ajouter le persil et bien mélanger ; cuire 30 secondes de plus.

2 Ajouter le vin et remuer sans arrêt jusqu'à ce qu'il s'évapore. Ajouter les champignons et bien mélanger. Ajouter le gros sel. Une fois que les champignons ont ramolli et réduit de moitié en volume, les retirer du feu. Verser dans un bol et réserver.

3 Ajouter le reste de l'huile d'olive dans la casserole et chauffer pendant 30 secondes. Ajouter le riz arborio ; remuer jusqu'à ce que le riz soit complètement enrobé du mélange huile d'olive/beurre. Cuire de 1 à 2 minutes ou jusqu'à ce que le riz commence à devenir translucide par endroits.

4 Régler à feu moyen-doux et ajouter ½ tasse (125 ml) de bouillon chaud, en remuant continuellement à l'aide d'une cuillère de bois jusqu'à ce que le riz ait absorbé le bouillon.

5 Ajouter une autre ½ tasse (125 ml) de bouillon et mélanger continuellement jusqu'à ce qu'il soit absorbé. Répéter. Lorsqu'il ne reste que ½ tasse (125 ml) de bouillon, ajouter les champignons au risotto. Bien mélanger ; ajouter le reste du bouillon. Mélanger jusqu'à ce que le bouillon soit absorbé. Le riz sera légèrement plus mou qu'un riz *al dente*, et il sera crémeux.

6 Ajouter le parmesan et la crème, puis mélanger jusqu'à ce que le fromage soit fondu et absorbé. Ajouter le sel et le poivre au goût.

7 Retirer du feu et incorporer le reste du beurre. Le risotto doit être crémeux mais pas aqueux. Servir chaud garni d'huile de truffe.

Nouilles asiatiques piquantes et épicées

- ½ tasse (125 ml) d'huile d'arachide
- 2 c. à soupe (30 ml) de vinaigre de riz ou de vinaigre de vin blanc
- 1 c. à soupe (15 ml) de xérès (sherry) sec
- 2½ c. à soupe (22 ml) d'huile de sésame
- 3 c. à soupe (45 ml) de sauce soja
- 1 c. à soupe (15 ml) de flocons de piment rouge
- ½ c. à thé (2 ml) de gingembre moulu
- 1 c. à soupe (15 ml) de cassonade tassée
- 1 c. à soupe (15 ml) d'oignon, finement coupé
- ¼ tasse (60 ml) de poivron vert, en dés
- 1 recette de nouilles aux œufs de base ou 1½ lb (675 g) de spaghettis cuits et égouttés

ASTUCE

Pour cuire les pâtes, ajouter 1 c. à soupe (15 ml) de sel et 1 c. à soupe (15 ml) d'huile à 24 tasses (6 l) d'eau bouillante. Ajouter progressivement les pâtes et poursuivre la cuisson à faible ébullition jusqu'à ce que les pâtes soient al dente *ou légèrement fermes sous la dent. Les pâtes flottent en surface pendant la cuisson. Il est donc important de remuer à l'occasion pour garantir une cuisson uniforme. Lorsqu'elles sont cuites, égoutter dans une passoire.*

Donne 8 portions

Combiner tous les ingrédients. Bien mélanger et réfrigérer pendant 2 heures ; remuer à l'occasion.

Nouilles aux œufs de base

Donne 1¼ lb (563 g) de pâte

- 4 gros œufs (7/8 tasse ou 210 ml)
- 1 c. à soupe (15 ml) d'eau
- 3½ tasses (875 ml) de farine tout usage tamisée

Verser les œufs, l'eau et la farine dans le bol du batteur sur socle. Régler le batteur à basse vitesse et mixer pendant 30 secondes. Installer le crochet pétrisseur. Actionner le batteur à basse vitesse et pétrir pendant 2 minutes.

Pétrir la pâte à la main de 30 secondes à 1 minute. Recouvrir d'un linge sec et laisser reposer pendant 15 minutes avant de passer la pâte dans la machine à pâtes.

Couscous aux carottes et aux canneberges

- 2 c. à thé (10 ml) d'huile d'olive
- ½ petit oignon, finement tranché
- ½ grosse carotte, râpée
- ¼ tasse (60 ml) de canneberges séchées, finement hachées
- ¼ c. à thé (1 ml) de cannelle moulue
- ¼ c. à thé (1 ml) de cumin moulu
- ¼ c. à thé (1 ml) de curcuma
- 1 tasse (250 ml) de semoule de blé entier (couscous)
- 2 tasses (500 ml) de bouillon de poulet ou de légumes chauffé sans atteindre le point d'ébullition
- Sel
- Poivre noir

Donne 4 portions

1 À feu moyen-élevé, chauffer l'huile dans une poêle à frire moyenne ; ajouter l'oignon. Cuire en remuant souvent pendant 1 minute ou jusqu'à ce que l'oignon soit translucide. Ajouter les carottes et cuire pendant 1 minute de plus. Ajouter les canneberges et cuire pendant 30 secondes.

2 Ajouter la cannelle, le cumin et le curcuma ; bien mélanger. Cuire de 15 à 20 secondes ou jusqu'à ce que les épices commencent à embaumer. Ajouter la semoule et bien mélanger. Retirer du feu et verser le mélange dans un bol résistant à la chaleur.

3 Verser le bouillon sur le mélange à base de semoule. Ajouter le sel et le poivre au goût ; bien mélanger. Recouvrir d'une pellicule plastique et réserver pendant 10 à 15 minutes. Retirer la pellicule plastique et faire gonfler la semoule à l'aide d'une fourchette.

Pâtes aux épinards, sauce pomodoro

- 5 grosses tomates, coupées en 6
- 3 c. à soupe (45 ml) d'huile d'olive
- 3 gousses d'ail, finement hachées
- ½ tasse (125 ml) basilic frais, haché
- 1 c. à thé (5 ml) de sucre
- 1 c. à thé (5 ml) de sel
- ¼ c. à thé (1 ml) de poivre noir
- 1 recette de pâtes aux épinards ou 1½ lb (675 g) de linguinis ou de fettucinis aux épinards cuites et égouttées
- Parmesan

Donne 3 tasses (750 ml)

1 Passer les tomates au mélangeur ou au moulin. Mesurer 3 tasses (750 ml) de purée et réserver.

2 Chauffer l'huile, à feu moyen, dans une casserole de 8 tasses (2 l). Ajouter l'ail et cuire en remuant pendant 2 minutes. Ajouter la purée de tomates, le basilic, le sucre, le sel et le poivre. Réduire le feu et laisser mijoter à couvert pendant 30 minutes. Servir immédiatement sur des pâtes chaudes avec du parmesan.

Pâtes aux épinards

Donne 1½ lb (675 g) de pâte

- 1 paquet (10 oz ou 285 g) d'épinards surgelés, hachés et décongelés
- 1 c. à soupe (15 ml) d'eau
- 4 gros œufs (7/8 tasse ou 210 ml)
- 4 tasses (1 l) farine tout usage tamisée

1 Déposer les épinards sur un linge et essorer pour assécher les épinards le plus possible. Déposer les épinards dans le contenant du robot culinaire et pulser jusqu'à ce qu'ils soient grossièrement hachés. Jeter les épinards qui n'ont pas été hachés.

2 Verser les épinards hachés, l'eau et les œufs dans le bol du batteur sur socle. Actionner à vitesse moyenne-basse et mixer pendant 30 secondes. Ajouter la farine. Régler à basse vitesse et mixer pendant 45 secondes. Fixer le crochet pétrisseur. Actionner à basse vitesse et pétrir pendant 1 minute.

3 Pétrir la pâte à la main de 30 secondes à 1 minute. Recouvrir d'un linge sec et laisser reposer pendant 15 minutes avant de passer la pâte dans la machine à pâtes.

Pâtes à la sauce crémeuse à la vodka

- 6 oz (180 g) de campanelles ou de farfalles non cuites
- 1 c. à soupe (15 ml) de beurre non salé
- 3 tomates italiennes, épépinées et hachées
- 2 gousses d'ail, finement hachées
- 3 c. à soupe (45 ml) de vodka
- ½ tasse (125 ml) de crème à fouetter
- ¼ c. à thé (1 ml) de sel
- ¼ c. à thé (1 ml) de flocons de piment rouge
- ⅓ tasse (75 ml) de parmesan râpé
- 2 c. à soupe (30 ml) de ciboulette fraîche coupée

Donne 4 à 5 portions

1 Cuire les pâtes selon les instructions de l'emballage ; égoutter et remettre dans la casserole. Faire fondre le beurre, à feu moyen, dans une grande poêle. Ajouter les tomates et l'ail ; cuire pendant 3 minutes en remuant souvent. Ajouter la vodka ; faire mijoter pendant 2 minutes ou jusqu'à presque tout le liquide se soit évaporé.

2 Incorporer la crème, le sel et les flocons de piment rouge. Laisser mijoter de 2 à 3 minutes ou jusqu'à ce que la sauce ait légèrement épaissi. Retirer du feu et laisser reposer pendant 2 minutes. Incorporer le fromage en remuant jusqu'à ce qu'il soit fondu.

3 Ajouter la sauce et la ciboulette aux pâtes ; remuer jusqu'à ce que les pâtes soient bien enrobées. Servir immédiatement.

Lasagne au pesto

- 1 paquet (16 oz ou 450 g) de pâtes à lasagne non cuites
- 3 c. à soupe (45 ml) d'huile d'olive
- 3 gousses d'ail, finement hachées
- 1½ tasse (375 ml) d'oignons verts, hachés
- 3 paquets (10 oz/285 g chacun) d'épinards, hachés surgelés, décongelés et asséchés
- Sel et poivre noir
- 3 tasses (24 oz ou 720 g) de ricotta
- 1½ tasse (375 ml) de pesto (voir la recette à la page 195)
- ¾ tasse (175 ml) de parmesan râpé
- ½ tasse (125 ml) de noix de pin grillées
- 6 tasses (16 oz ou 450 g) de mozzarella, râpée
- Lanières de poivron rouge, grillé (facultatif)

Donne 8 portions

1 Préchauffer le four à 350 °F (180 °C). Vaporiser un plat à lasagne de 13 x 9 po (33 x 23 cm) d'aérosol de cuisson antiadhésif. Cuire partiellement les pâtes à lasagne conformément aux instructions de l'emballage.

2 Dans une grande poêle, chauffer l'huile à feu moyen-élevé. Incorporer l'ail et l'oignon jusqu'à ce qu'il soit translucide. Ajouter les épinards ; cuire en mélangeant pendant environ 5 minutes. Saler et poivrer. Transférer dans un grand bol.

3 Ajouter la ricotta, le pesto, le parmesan et les noix de pin au mélange à base d'épinards ; bien mélanger.

4 Étendre 5 pâtes à lasagne dans le plat à lasagne en les superposant légèrement. Garnir d'un tiers du mélange à la ricotta et d'un tiers de la mozzarella. Répéter pour créer deux étages supplémentaires.

5 Cuire pendant environ 35 minutes ou jusqu'à ce que la lasagne soit bouillonnante. Garnir de lanières de poivron rouge.

Sauce bolognaise

- 2 c. à soupe (30 ml) d'huile d'olive
- 2 carottes, pelées et coupées en morceaux de 1 po (2,5 cm)
- 2 branches de céleri, en morceaux de 1 po (2,5 cm)
- 1 gros oignon, coupé en 8
- ¼ tasse (60 ml) de persil frais
- 1½ lb (675 g) de bœuf haché
- ½ lb (225 g) de porc haché
- 3 gousses d'ail
- 6 grosses tomates mûres, coupées en 6
- 1 c. à thé (5 ml) de basilic séché
- 1 c. à thé (5 ml) d'origan séché
- 1 feuille de laurier
- 1½ c. à thé (7 ml) de sel
- ¼ c. à thé (1 ml) de poivre noir
- 2 boîtes (6 oz ou 180 g chacune) de concentré de tomate
- ¼ tasse (60 ml) d'eau
- ¼ tasse (60 ml) de vin rouge sec

Donne environ 8 tasses (2 litres)

1 Dans une poêle à frire de 12 po (30 cm), sur un feu moyen, chauffer l'huile. Ajouter les carottes, le céleri, l'oignon, le persil, le bœuf et le porc haché ainsi que l'ail. Cuire pendant 20 minutes en remuant. Retirer le mélange du feu et laisser refroidir pendant 10 minutes.

2 Au robot culinaire, pulser jusqu'à ce que le mélange à base de viande soit grossièrement haché. Verser le mélange dans une marmite d'environ 24 tasses (6 l).

3 Passer les tomates au mélangeur ou au moulin. Mesurer 4 tasses (1 l) de purée de tomates. Ajouter la purée de tomate, le basilic, l'origan, la feuille de laurier, le sel, le poivre, le concentré de tomate, l'eau et le vin au mélange à base de viande. Couvrir et laisser mijoter à feu moyen-doux pendant 1 heure.

Nouilles de riz au brocoli et au tofu

- 1 paquet (14 oz ou 405 g) de tofu ferme ou extra-ferme
- 1 paquet (8 à 10 oz ou 225 à 285 g) de nouilles de riz larges
- 2 c. à soupe (30 ml) d'huile d'arachide
- 3 échalotes moyennes, tranchées
- 6 gousses d'ail, finement hachées
- 1 piment jalapeño*, haché
- 2 c. à soupe (30 ml) de gingembre frais, haché fin
- 3 tasses (750 ml) de fleurons de brocoli
- 3 c. à soupe (45 ml) de sauce soja
- 1 c. à soupe (15 ml) de sauce soja sucrée (ou régulière)
- 1 à 2 c. à soupe (15 à 30 ml) de sauce de poisson
- Feuilles de basilic frais (facultatif)

** Les piments jalapeños peuvent brûler et irriter la peau ; portez des gants en caoutchouc lorsque vous manipulez les piments et ne vous touchez pas les yeux.*

Donne 4 à 6 portions

1 Trancher le tofu à l'horizontale en 2 morceaux, chacun d'environ 1 po (2,5 cm) d'épaisseur. Déposer le tofu sur une planche à découper entre deux épaisseurs de papier essuie-tout ; ajouter une deuxième planche à découper sur le tofu et écraser pour extraire l'eau du tofu. Faire tremper les nouilles de riz dans un grand bol rempli d'eau chaude ; laisser reposer 30 minutes ou jusqu'à ce qu'elles soient molles.

2 Pendant ce temps, chauffer l'huile dans une poêle à frire ou dans un wok. Couper le tofu en bouchées et assécher. Faire sauter pendant environ 5 minutes ou jusqu'à ce que le tofu soit tacheté et légèrement bruni de tous les côtés. Retirer de la poêle et réserver.

3 Ajouter l'échalote, l'ail, le piment jalapeño et le gingembre dans la poêle. Faire sauter à feu moyen-élevé de 2 à 3 minutes ; ajouter le brocoli et faire revenir. Couvrir ; cuire pendant 3 minutes ou jusqu'à ce que le brocoli soit croquant mais tendre.

4 Bien égoutter les nouilles ; les ajouter dans la poêle et mélanger pour combiner. Remettre le tofu dans la poêle ; ajouter les sauces soja et la sauce de poisson. Faire sauter pendant environ 8 minutes ou jusqu'à ce que les nouilles soient bien enrobées et les saveurs bien mélangées. Rectifier l'assaisonnement. Garnir de basilic.

Pasta con Salsice

- 1 1/2 lb (675 g) d'épaule de porc, désossée, coupée en lanières de 1 po (2,5 cm)
- 3 gousses d'ail, finement hachées et divisées
- 1 1/2 c. à soupe (22 ml) de persil frais, haché
- 3/4 c. à soupe (10 ml) de flocons de piment rouge
- 1 c. à soupe (15 ml) de graines de fenouil
- 2 c. à thé (10 ml) de sel, divisé
- 1/2 tasse (125 ml) de vin rouge sec, divisé
- 1 c. à soupe (15 ml) de shortening
- Boyaux à saucisses naturels ou synthétiques
- 3 c. à soupe (45 ml) d'huile d'olive
- 3 poivrons vers moyens, épépinés et tranchés
- 3 oignons moyens, tranchés
- 2 c. à soupe (30 ml) de basilic frais, haché
- 1 1/2 lb (675 g) de spaghettis, cuits et égouttés

Donne 6 portions

1 Dans le contenant du robot culinaire, hacher le porc et 2 gousses d'ail. Ajouter le persil, le piment rouge, les graines de fenouil, 1 1/2 c. à thé (7 ml) de sel et 1/4 tasse (60 ml) de vin ; pulser jusqu'à ce que le tout soit grossièrement haché.

2 Déposer le mélange dans le bol du batteur sur socle. Assembler et fixer le poussoir à saucisses conformément aux instructions du fabricant. Graisser le poussoir de shortening et installer le boyau. Nouer l'extrémité du boyau. Actionner le batteur à vitesse moyenne-basse et remplir les boyaux. Créer un chapelet de 12 saucisses et réserver.

3 Dans une poêle à frire de 12 po (30 cm), sur un feu moyen, chauffer 1 c. à soupe (15 ml) d'huile. Ajouter le poivron vert, l'oignon et le reste de l'ail ; cuire en remuant souvent, pendant 5 minutes. Ajouter le reste du sel, le vin, l'huile d'olive et le basilic. Cuire, en remuant souvent, pendant 3 minutes. Retirer de la poêle et réserver.

4 Déposer les saucisses dans la poêle et bien les cuire ; égoutter le gras. Ajouter aux saucisses cuites le mélange à base de piment et d'oignon et remuer délicatement. Servir immédiatement sur des pâtes chaudes.

Remarque : Pour faire des saucisses douces, omettre les flocons de piment rouge.

Sauce crémeuse aux crevettes

- 2/3 tasse (150 ml) d'huile d'olive
- 2/3 tasse (150 ml) d'oignon en cubes
- 4 gousses d'ail, finement hachées
- 2 c. à soupe (30 ml) de farine tout usage
- 1 c. à thé (5 ml) de sel
- 1/4 c. à thé (1 ml) de poivre noir
- 6 c. à soupe (90 ml) de concentré de tomate
- 1 tasse (250 ml) de vin blanc sec
- 1/2 lb (225 g) de crevettes cuites, décortiquées et déveinées
- 1/4 tasse (60 ml) de persil frais, haché
- 2 tasses (500 ml) de crème épaisse

Donne 3½ tasses (875 ml)

1 Dans une poêle à frire de 12 po (30 cm), sur un feu moyen, chauffer l'huile. Ajouter l'oignon et l'ail ; cuire pendant 3 minutes en remuant. Ajouter la farine, le sel et le poivre et cuire pendant 1 minute de plus en remuant sans arrêt.

2 Ajouter le concentré de tomate et le vin. Cuire pendant 10 minutes, en remuant à l'occasion. Ajouter les crevettes et le persil ; cuire pendant 3 minutes de plus. Incorporer la crème au mélange aux crevettes. Bien réchauffer, mais ne pas faire bouillir. Servir immédiatement.

Risotto à l'orge et aux légumes

- 4½ tasses (1,125 l) bouillon de poulet ou de légumes sans gras à teneur réduite en sel
- 2 c. à thé (10 ml) d'huile d'olive
- 1 petit oignon, coupé en dés
- 8 oz (225 g) de champignons tranchés
- ¾ tasse (175 ml) d'orge perlé non cuit
- 1 gros poivron rouge, coupé en dés
- 2 tasses (500 ml) de bébés épinards tassés
- ¼ tasse (60 ml) de parmesan râpé
- ¼ c. à thé (1 ml) de poivre noir

REMARQUE

Vous pouvez utiliser vos champignons préférés, par exemple des champignons de Paris, des champignons café ou des shiitakes ou des combinaisons.

Donne 6 portions de ½ tasse (125 ml) en accompagnement

1 Porter le bouillon à ébullition dans une casserole de format moyen. Régler à feu doux pour que le bouillon reste chaud.

2 Pendant ce temps, chauffer l'huile, à feu moyen, dans une grande poêle à frire. Ajouter l'oignon ; cuire en mélangeant pendant 4 minutes. Régler à feu moyen-élevé. Ajouter les champignons ; cuire en remuant souvent pendant 5 minutes ou jusqu'à ce que les champignons commencent à brunir et que le liquide s'évapore.

3 Ajouter l'orge et cuire pendant 1 minute. Ajouter ¼ tasse (60 ml) de bouillon ; cuire et remuer pendant environ 2 minutes ou jusqu'à ce que le bouillon soit presque complètement absorbé. Ajouter le bouillon, ¼ tasse (60 ml) à la fois, en remuant sans arrêt, jusqu'à ce que le bouillon soit presque complètement absorbé avant d'en ajouter plus. Après 20 minutes de cuisson, incorporer le poivron. Continuer d'ajouter le bouillon, ¼ tasse (60 ml) à la fois, jusqu'à ce que l'orge soit tendre (environ 30 minutes au total). Incorporer les épinards ; cuire en remuant pendant 1 minute ou jusqu'à ce que les épinards tombent. Incorporer le fromage et le poivre noir.

Pâtes, béchamel et palourdes

- 3 boîtes (6½ oz ou 195 g chacune) de palourdes, hachées
- ½ tasse (125 ml) de beurre
- ½ tasse (125 ml) d'huile d'olive
- 4 gousses d'ail, finement hachées
- ½ tasse (125 ml) de persil frais, finement haché
- ¾ c. à thé (4 ml) de poivre noir
- 1 c. à soupe (15 ml) de farine tout usage
- ¾ tasse (175 ml) de parmesan râpé
- 1½ lb (675 g) de spaghettis, linguines ou fettucines, cuits et égouttés

Donne 6 à 8 portions

1 Égoutter le jus des palourdes dans une tasse à mesurer. Laisser le jus reposer pendant environ 15 minutes ou jusqu'à ce que les sédiments qu'il contient reposent au fond. Mesurer ¾ tasse (175 ml) du liquide (sans les sédiments). Réserver.

2 Faire fondre le beurre dans une grande poêle à frire, à feu moyen. Ajouter l'huile d'olive, l'ail et le persil. Cuire pendant 3 minutes. Ajouter les palourdes hachées et cuire pendant 5 minutes de plus. Ajouter le poivre et la farine dans la poêle et cuire 2 minutes de plus en remuant sans arrêt. Ajouter le jus de palourdes réservé et amener à faible ébullition. Cuire pendant 1 minute.

3 Verser la moitié des pâtes dans le bol de service. Ajouter 1 tasse (250 ml) de sauce aux palourdes et la moitié du parmesan puis mélanger. Ajouter le reste des nouilles, la sauce aux palourdes et le parmesan. Bien remuer et servir immédiatement.

Pâtes de blé entier

4 gros œufs (7/8 tasse ou 210 ml)
2 c. à soupe (30 ml) d'eau
3 1/2 tasses (875 ml) de farine de blé entier tamisée

ASTUCE

Les pâtes de blé entier contiennent plus de fibres que les pâtes régulières. Elles constituent donc une alternative saine et délicieuse.

Donne 1 1/4 lb (563 g) de pâte

1. Verser les œufs, l'eau et la farine dans le bol du batteur sur socle. Régler le batteur à basse vitesse et mixer pendant 30 secondes.

2. Fixer le crochet pétrisseur. Actionner à basse vitesse et pétrir pendant 1 minute.

3. Pétrir la pâte à la main de 30 secondes à 1 minute. Recouvrir d'un linge sec et laisser reposer pendant 15 minutes avant de passer la pâte dans la machine à pâtes.

Remarque : Une trop grande humidité peut rendre la pâte collante et difficile à récupérer. Pour éviter ce problème, préparer la pâte uniquement à l'aide de la farine tamisée et des œufs. Arrêter l'appareil et vérifier la consistance. Si la pâte est trop sèche, ajouter de l'eau, 1 c. à thé (5 ml) à la fois, et continuer de pétrir à l'aide du batteur plat ; ou pétrir manuellement avec les mains mouillées.

Pesto

- 2 tasses (500 ml) de feuilles de basilic frais
- 1 tasse (250 ml) de persil frais
- 8 gousses d'ail
- 1 c. à thé (5 ml) de sel
- ½ c. à thé (2 ml) de poivre noir
- 1 tasse (250 ml) de parmesan
- ⅔ tasse (150 ml) d'huile d'olive

ASTUCE

Si vous n'utilisez pas tout le pesto d'un coup, versez-le dans un pot et recouvrez d'une fine couche d'huile d'olive pour l'empêcher de noircir. Réfrigérer pendant un maximum d'une semaine ou congeler pour conserver pendant de longues périodes.

Donne 2 tasses (500 ml)

Déposer les feuilles de basilic, le persil et l'ail dans le contenant du robot culinaire. Ajouter le sel, le poivre et le parmesan. Mélanger pendant 1 minute. Arrêter l'appareil et racler le bol. Régler à vitesse moyenne-élevée. Ajouter progressivement l'huile d'olive en un mince filet continu ; mixer jusqu'à ce que l'huile soit bien incorporée. Utiliser environ 2 c. à soupe (30 ml) de pesto par portion de pâtes.

Tarte aux bleuets *(recette à la page 198)*

Tartes

Avec les saisons, changent les plats que nous déposons sur la table. Rien ne reflète mieux les saisons et leurs saveurs que les tartes que nous apprécions tout au long de l'année.

Dans les pages qui suivent, vous trouverez des tartes qui représentent parfaitement l'abondance en produits frais de chaque saison, les tartes à la patate douce et aux pacanes symboliques des Fêtes, mais également beaucoup de classiques populaires.

Tarte aux bleuets

(photo à la page 196)

- 6 tasses (1,5 l) de bleuets frais ou 2 paquets (16 oz ou 450 g) bleuets surgelés décongelés
- 2 c. à soupe (30 ml) de jus de citron
- 1¼ tasse (310 ml) de sucre
- 3 c. à soupe (45 ml) de tapioca rapide
- ¼ c. à thé (1 ml) de cannelle moulue
- Pâte à tarte pour une tarte à 2 croûtes (recette plus bas)
- 1 c. à soupe (15 ml) de beurre, coupé en 4 morceaux

Donne 9 portions

1 Préchauffer le four à 400 °F (200 °C). Déposer les bleuets dans un grand bol et les arroser de jus de citron. Dans un petit bol, mélanger ensemble le sucre, le tapioca et la cannelle. Incorporer délicatement cette préparation aux bleuets jusqu'à ce qu'ils soient bien mélangés.

2 Sur une surface légèrement enfarinée, rouler la moitié de la pâte en un cercle de 12 po (30 cm). Déposer la pâte dans une assiette à tarte profonde de 9 x 2 po (23 x 5 cm). Couper le surplus en laissant ½ po (1,25 cm) dépasser de l'assiette. Verser le mélange aux bleuets dans l'assiette ; garnir des morceaux de beurre.

3 Rouler l'autre moitié de la pâte en un cercle de 10 po (25 cm) d'environ ¼ po (6 mm) d'épaisseur. À l'aide d'un petit emporte-pièce ou d'un couteau, découper 4 à 5 trous dans la pâte. Déposer la pâte sur les bleuets, sur l'assiette à tarte. Découper la pâte en laissant une bordure de 1 po (2,5 cm) tout autour de la tarte. Replier le surplus de pâte par-dessous. Écraser la pâte sur le rebord de l'assiette à l'aide d'une fourchette.

4 Enfourner et cuire à 400 °F (200 °C) pendant 15 minutes. Réduire la température du four à 350 °F (180 °C) et cuire 40 minutes de plus ou jusqu'à ce que la pâte soit bien dorée. Laisser refroidir sur une grille pendant environ 30 minutes avant de servir.

Pâte à tarte pour deux abaisses

- **2½ tasses (625 ml) de farine tout usage**
- **1 c. à thé (5 ml) de sel**
- **1 c. à thé (5 ml) de sucre**
- **1 tasse (250 ml) de beurre non salé, coupés en morceaux qui seront ensuite refroidis**
- **⅓ tasse (75 ml) d'eau glacée**

Dans un grand bol, mélanger ensemble la farine, le sel et le sucre. À l'aide d'un coupe-pâte, incorporer le beurre. (Le mélange ressemblera à une farine grossière dans laquelle se trouvent de petits morceaux de beurre visibles.)

Verser 2 c. à soupe (30 ml) d'eau glacée sur le mélange ; remuer pour bien mélanger. Répéter avec le reste de l'eau glacée. Comprimer la pâte entre les mains et la déposer sur une surface de travail. Pétrir brièvement la pâte, soit environ 4-5 fois, jusqu'à ce qu'elle soit bien liée. Diviser la pâte en deux et former un disque avec chaque moitié. Emballer chaque disque de pâte dans une pellicule plastique et réfrigérer pendant au moins 1 heure avant de l'utiliser. (La pâte peut être réfrigérée jusqu'à 2 jours et congelée jusqu'à 1 mois. Si vous la congelez, la décongeler au réfrigérateur avant de l'utiliser.)

Tarte rustique aux prunes

- ¼ tasse (60 ml) plus 1 c. à soupe (15 ml) de beurre fondu, divisé
- 3 tasses (750 ml) de quartiers de prune (environ 6 prunes)
- ¼ tasse (60 ml) de sucre granulé
- ½ tasse (125 ml) de farine tout usage
- ½ tasse (125 ml) d'avoine à l'ancienne ou à cuisson rapide
- ¼ tasse (60 ml) de cassonade foncée tassée
- ½ c. à thé (2 ml) de cannelle moulue
- ¼ c. à thé (1 ml) de sel
- 1 œuf
- 1 c. à thé (5 ml) d'eau
- 1 abaisse réfrigérée (la moitié d'un paquet de 15 oz ou 435 g)
- 1 c. à soupe (15 ml) de gingembre cristallisé, haché

ASTUCE

Utilisez des prunes rouge foncé et coupez-les en 4.

Donne 1 tarte de 9 po (23 cm)

1 Préchauffer le four à 425 °F (220 °C). Recouvrir une grande plaque de cuisson de papier parchemin. Dans une grande poêle, chauffer 1 c. à soupe (15 ml) de beurre à feu élevé jusqu'à ce qu'il bouillonne. Ajouter les prunes ; cuire en remuant pendant environ 3 minutes ou jusqu'à ce que les prunes commencent à se défaire. Incorporer le sucre granulé ; cuire pendant 1 minute ou jusqu'à ce que le jus ait épaissi. Retirer du feu et réserver.

2 Dans un bol moyen, combiner la farine, l'avoine, la cassonade, la cannelle et le sel. Incorporer ¼ tasse (60 ml) beurre à l'aide d'un coupe-pâte ou de deux couteaux, jusqu'à ce qu'il soit en grosses miettes. Dans un petit bol, battre l'œuf et l'eau.

3 Dérouler l'abaisse sur la plaque de cuisson préparée. Badigeonner légèrement la croûte du mélange à base d'œuf. Saupoudrer ¼ tasse (60 ml) du mélange à base d'avoine en laissant une bordure de 2 po (5 cm) tout autour de la croûte. Déposer les prunes sur le mélange à l'avoine en laissant le jus dans la poêle. Saupoudrer de gingembre cristallisé. Replier la croûte sur les prunes en superposant au besoin. Saupoudrer du reste de mélange à l'avoine. Badigeonner le rebord de la croûte du mélange à base d'œuf.

4 Cuire 25 minutes ou jusqu'à ce que la croûte soit dorée. Laisser refroidir légèrement avant de servir.

Pâte à tarte parfaite

- 2 1/4 tasses (560 ml) de farine tout usage
- 3/4 c. à thé (4 ml) de sel
- 1/2 tasse (125 ml) de shortening bien froid
- 2 c. à soupe (30 ml) de beurre bien froid
- 5 à 6 c. à soupe (75 à 90 ml) d'eau froide

Donne 8 portions, deux abaisses de 8 à 9 po (20 à 30 cm)

1 Verser la farine et le sel dans le bol du batteur sur socle. Régler à basse vitesse et mixer pendant environ 15 secondes. Couper le shortening et le beurre en morceaux et les ajouter au mélange à base de farine. Continuer de mixer à basse vitesse jusqu'à ce que les particules de shortening soient de la taille de petits pois, soit environ 30 à 45 secondes.

2 Toujours à basse vitesse, ajouter l'eau, 1 c. à soupe (15 ml) à la fois, en mixant jusqu'à ce que les ingrédients soient bien humectés et que la pâte commence à se lier. Diviser la pâte en deux portions. Former une balle avec chaque moitié et l'aplatir légèrement. Emballer dans une pellicule plastique. Réfrigérer pendant 15 minutes.

3 Rouler une moitié de pâte à 1/8 po (3 mm) d'épaisseur, entre deux feuilles de papier ciré. Plier la pâte en quatre. Déposer dans une assiette à tarte de 8 ou 9 po (20 ou 23 cm) et déplier en la comprimant fermement au fond et sur les côtés de l'assiette. Pour une tarte à une croûte : Replier le rebord par-dessous. Pincer au goût. Ajouter la garniture à tarte de votre choix. Cuire comme indiqué.

Pour une tarte à deux abaisses : Couper l'abaisse en suivant le rebord de l'assiette à tarte. Avec l'autre moitié de pâte, rouler une autre abaisse. Ajouter la garniture à tarte de votre choix. Recouvrir de la deuxième abaisse. Sceller les rebords. Pincer au goût. Couper des entailles dans l'abaisse supérieure pour laisser la chaleur s'échapper. Cuire comme indiqué.

Pour préparer un fond de pâtisserie cuit : Replier le rebord par-dessous. Pincer au goût. Piquer les côtés et le fond à l'aide d'une fourchette. Cuire de 8 à 10 minutes à 450 °F (230 °C) ou jusqu'à ce que le fond soit légèrement doré. Laisser refroidir complètement sur une grille et garnir.

Méthode alternative pour fond de pâtisserie cuit : Replier le rebord par-dessous. Pincer au goût. Recouvrir le fond d'une feuille de papier d'aluminium. Remplir de haricots secs ou de poids pour tarte. Cuire de 10 à 12 minutes à 450 °F (230 °C) ou jusqu'à ce que les rebords soient légèrement dorés. Retirer les poids ou les haricots et le papier d'aluminium. Laisser refroidir complètement sur une grille et garnir.

Tarte campagnarde aux pommes

2½ lb (1,125 kg) de pommes vertes acidulées (environ 6 grosses pommes), pelées et finement tranchées
2 c. à soupe (30 ml) de jus de citron
¼ tasse (60 ml) de sucre granulé
⅓ tasse (75 ml) de cassonade pâle légèrement tassée
½ tasse (125 ml) de farine
½ c. à thé (2 ml) de cannelle moulue
¼ tasse (60 ml) de beurre ramolli
1 abaisse de pâte à tarte parfaite (9 po ou 23 cm) non cuite (voir la recette à la page 200)

Donne 8 portions

1 Mélanger ensemble les pommes, le jus de citron et le sucre granulé. Réserver. Déposer la farine et le sucre dans le bol du batteur sur socle. Actionner le batteur à basse vitesse et mixer jusqu'à ce que le mélange soit granuleux. Réserver.

2 Rouler l'abaisse pour obtenir un cercle de 13 po (33 cm). Transférer sur une plaque de cuisson (la pâte peut dépasser le rebord de la plaque).

3 Déposer les pommes au centre de la pâte, en un monticule, en laissant 2 po (5 cm) de pâte libre tout autour. Saupoudrer les pommes de cassonade et de cannelle. Replier la pâte sur la garniture en la plissant au besoin pour qu'elle ceinture bien les pommes. Écraser légèrement la pâte sur la garniture.

4 Cuire à 400° F (200 °C) jusqu'à ce que la pâte soit dorée et les pommes tendres, soit environ 30 minutes. Laisser la tarte refroidir sur une grille pendant 10 minutes ; la servir chaude.

Tarte à la crème à la vanille

- 1 tasse (250 ml) de sucre, divisé
- 6 c. à soupe (90 ml) de farine tout usage
- ¼ c. à thé (1 ml) plus ⅛ c. à thé (0,5 ml) de sel, divisé
- 2½ tasses (625 ml) de lait partiellement écrémé (1%)
- 3 œufs, jaunes et blancs, séparés
- 1 c. à soupe (15 ml) de beurre
- 1 c. à thé (5 ml) de vanille
- 1 abaisse de pâte à tarte parfaite (9 po ou 23 cm) cuite (voir la recette à la page 200)
- ¼ c. à thé (1 ml) de crème de tartre

Donne 1 tarte de 9 po (23 cm)

1 Dans une casserole à fond épais, combiner ½ tasse (125 ml) de sucre, la farine et ¼ c. à thé (1 ml) de sel. Ajouter le lait et cuire à feu moyen, en remuant sans arrêt, jusqu'à ce que le mélange épaississe. Réduire à basse température. Cuire à couvert pendant environ 10 minutes de plus, en remuant à l'occasion. Réserver.

2 Déposer les jaunes d'œufs dans le bol du batteur sur socle. Actionner le batteur à vitesse moyenne-élevée et fouetter pendant environ 1 minute. Incorporer lentement de petites quantités du mélange de lait. Verser ensuite le mélange dans la casserole. Cuire à feu moyen de 3 à 4 minutes, en remuant sans arrêt. Retirer du feu. Ajouter le beurre et la vanille ; laisser refroidir. Verser dans l'abaisse.

3 Verser la crème de tartre, le reste du sel et les blancs d'œufs dans le bol du batteur. Augmenter progressivement jusqu'à vitesse moyenne-élevée et fouetter environ 1 minute ou jusqu'à formation de pics souples. Actionner le batteur à vitesse moyenne-basse. Ajouter progressivement le reste du sucre et fouetter pendant environ 1 minute ou jusqu'à ce que des pics souples se forment.

4 Verser le mélange en un monticule sur la tarte et l'étendre sur les côtés. Cuire à 325 °F (160 °C) pendant 15 minutes ou jusqu'à ce que la surface soit d'un beau brun doré.

Tarte à la crème à la banane : Trancher 2 ou 3 bananes et les déposer dans la croûte à tarte avant d'ajouter la garniture. Suivre les instructions qui précèdent.

Tarte à la crème à la noix de coco : Ajouter ½ tasse (125 ml) de flocons de noix de coco à la garniture avant de la verser dans la pâte à tarte. Avant la cuisson, saupoudrer ¼ tasse (60 ml) de flocons de noix de coco sur la meringue. Suivre les instructions qui précèdent.

Tarte frangipane à la cerise

- 1 abaisse de 9 po (23 cm)
- 2/3 tasse (150 ml) d'amandes effilées
- 1/2 tasse (125 ml) de farine tout usage
- 1/4 tasse (60 ml) de sucre en poudre
- 1/2 tasse (125 ml) de beurre, ramolli
- 2 œufs
- 1 3/4 tasse (438 ml) de cerises entières surgelées, dénoyautées*

** Pour obtenir de meilleurs résultats, garder les cerises congelées jusqu'au moment de les utiliser.*

Donne 6 à 8 portions

1 Préchauffer le four à 450 °F (230 °C). Déposer l'abaisse dans l'assiette à tarte et la recouvrir de papier parchemin. Remplir de poids à tarte ou de haricots secs et cuire pendant 10 minutes. Sortir du four. Retirer délicatement le papier et les poids. Réduire la température du four à 350 °F (180 °C).

2 Au robot culinaire, combiner les amandes, la farine et le sucre en poudre. Réduire jusqu'à l'obtention d'une consistance fine. Ajouter le beurre ; pulser pour mélanger. Ajouter les œufs, 1 à la fois, pendant que le robot tourne.

3 Verser la pâte dans la croûte cuite ; lisser la surface. Parsemer de cerises entières. Cuire pendant 35 minutes ou jusqu'à fermeté. Laisser refroidir à la température ambiante.

Tarte aux fraises et à la rhubarbe avec croûte en treillis

- 2 tasses (12 oz ou 360 g) de fraises, équeutées et tranchées grossièrement
- 2 tasses (8 oz ou 225 g) de rhubarbe, en dés
- 1 c. à soupe (15 ml) de jus d'orange
- 1 1/2 tasse (375 ml) de sucre
- 3 c. à soupe (45 ml) de tapioca rapide
- 1/8 c. à thé (0,5 ml) de sel (facultatif)
- 1 recette de pâte à tarte pour tarte à deux croûtes (voir la recette à la page 198)
- 1 c. à soupe (15 ml) de beurre, coupé en petits morceaux

Donne 1 tarte

1 Préchauffer le four à 375 °F (190 °C). Dans un bol moyen, déposer les fraises et la rhubarbe ; parsemer de jus d'orange. Dans un petit bol, mélanger ensemble le sucre, le tapioca et le sel (si désiré). Incorporer le mélange à base de sucre aux fruits jusqu'à ce qu'ils soient bien combinés ; réserver.

2 Sur une surface légèrement enfarinée, rouler la moitié de la pâte en un cercle de 12 po (30 cm). Déposer dans une assiette à tarte de 9 po (23 cm). Découper la pâte qui dépasse de l'assiette, en laissant 1/2 po (1,25 cm) tout autour et réfrigérer jusqu'à utilisation.

3 Rouler le deuxième disque de pâte en un cercle de 12 po (30 cm). Couper en 10 lanières de 3/4 po (2 cm).

4 Verser le mélange à base de fruits dans l'assiette refroidie contenant la pâte à tarte, ajouter les morceaux de beurre et humecter légèrement le rebord de pâte à l'aide d'un pinceau à pâtisserie imbibé d'eau. En commençant par les deux morceaux de pâte les plus longs, faire une croix au centre. Déposer les lanières de pâte en les enfilant, une par-dessus et une par-dessous, pour former un treillis. Découper ce qui dépasse le rebord de l'assiette. Replier le rebord et pincer le contour à l'aide d'une fourchette.

5 Cuire jusqu'à ce que la croûte soit dorée et que les fruits bouillonnent, soit environ 55 minutes. Déposer la tarte sur une grille ; laisser complètement refroidir avant de servir.

Tarte aux pacanes et au chocolat

4 œufs

1 tasse (250 ml) de sucre

1 tasse (250 ml) de sirop de maïs foncé

3 carrés (1 oz ou 30 g chacun) de chocolat non sucré, fondu

2 tasses (500 ml) de moitiés de pacanes

1 abaisse de 10 po (25 cm) non cuite

Donne 1 tarte

1 Verser les œufs, le sucre et le sirop de maïs dans le bol du batteur sur socle. Battre à vitesse moyenne-élevée pendant 1 minute. Arrêter l'appareil et racler le bol.

2 Régler le batteur à vitesse moyenne et ajouter progressivement le chocolat ; battre pendant 1 minute ou jusqu'à ce qu'il soit bien mélangé. Incorporer les pacanes. Verser dans la croûte à tarte. Cuire de 35 à 45 minutes à 350 °F (180 °C) ou jusqu'à ce que le centre soit légèrement mou.

Tarte des Anges à l'orange

- 4 blancs d'œufs
- 1 1/2 c. à thé (7 ml) de vanille, divisée
- 1 tasse (250 ml) plus 2 c. à thé (10 ml) de sucre en poudre, divisé
- 3/4 tasse (175 ml) de sucre
- 2 1/2 c. à soupe (38 ml) de fécule de maïs
- 1/8 c. à thé (0,5 ml) de sel
- 3/4 tasse (175 ml) de jus d'orange
- 2 c. à soupe (30 ml) de zeste d'orange, fraîchement râpé
- 2 c. à soupe (30 ml) de beurre
- 1 tasse (250 ml) de crème épaisse

Donne 1 tarte

1 Déposer les blancs d'œufs dans le bol du batteur sur socle. Actionner le batteur à vitesse moyenne-élevée et fouetter jusqu'à l'obtention d'une consistance mousseuse. Tout en battant à vitesse moyenne-élevée, ajouter 1 c. à thé (5 ml) de vanille et ajouter progressivement 1 tasse (250 ml) de sucre en poudre ; battre jusqu'à l'obtention de pics fermes, mais pas secs. Étendre le mélange au fond et sur les côtés d'une assiette à tarte en verre de 9 po (23 cm). Cuire au four à 225 °F (105 °C) pendant 1 h 15. Éteindre le four, ouvrir la porte et laisser la croûte refroidir.

2 Dans une petite casserole, à feu moyen, combiner le sucre, la fécule de maïs, le sel et le jus d'orange. Cuire en remuant jusqu'à ce que le tout soit bien mélangé, puis faire bouillir pendant 1 minute. Retirer le mélange du feu et ajouter le zeste d'orange et le beurre ; bien mélanger. Réfrigérer pendant 15 minutes, puis verser sur la croûte et réfrigérer à nouveau de 1 à 2 heures.

3 Verser le reste de la vanille, le reste du sucre en poudre et la crème dans le bol du batteur. Actionner le batteur à vitesse moyenne-élevée et fouetter jusqu'à l'obtention de pics fermes. Étendre la crème fouettée sur la tarte et servir immédiatement.

Tarte à la patate douce et au bourbon

- 1 lb (450 g) de patates douces (2 moyennes), pelées et coupées en cubes de 1 po (2,5 cm)
- 2 c. à soupe (30 ml) de beurre
- ¾ tasse (175 ml) de cassonade tassée
- 1 c. à thé (5 ml) de cannelle moulue
- ¼ c. à thé (1 ml) de sel
- 2 œufs
- ¾ tasse (175 ml) de crème à fouetter
- ¼ tasse (60 ml) de bourbon ou whisky
- 1 abaisse de pâte à tarte parfaite (9 po ou 23 cm) non cuite (voir la recette à la page 200)
- Crème fouettée sucrée

ASTUCE

La tarte peut être complètement refroidie, couverte et conservée 24 heures au réfrigérateur avant d'être servie. Laisser reposer à la température ambiante pendant au moins 30 minutes avant de servir.

Donne 1 tarte

1 Préchauffer le four à 350 °F (180 °C). Déposer les patates douces dans une casserole ; les recouvrir d'eau. Faire mijoter jusqu'à ce qu'elles soient très tendres, soit environ 20 minutes. Bien égoutter à l'aide d'une passoire ; transférer dans le grand bol du batteur sur socle. Ajouter le beurre et battre à vitesse moyenne jusqu'à l'obtention d'une consistance lisse. Ajouter la cassonade, la cannelle et le sel ; battre jusqu'à homogénéité. Incorporer les œufs, tout en battant, 1 à la fois. Incorporer la crème et le bourbon.

2 Étendre l'abaisse dans une assiette (non profonde) de 9 po (23 cm) ; canneler les rebords. Verser le mélange à base de patate douce dans la croûte. Cuire 50 minutes ou jusqu'à ce qu'un couteau inséré au centre en ressorte propre. Transférer sur une grille ; laisser refroidir pendant 1 heure avant de servir. Servir la tarte chaude ou à la température ambiante, garnie de crème fouettée.

Tarte à la lime Key

- 2 tasses (500 ml) de sucre, divisé
- ¼ tasse (60 ml) plus 2 c. à soupe (15 ml) de fécule de maïs
- ¼ c. à thé (1 ml) de sel
- ½ tasse (125 ml) de jus de limes Key fraîches*
- ½ tasse (125 ml) d'eau froide
- 3 œufs les jaunes et les blancs, séparés
- 2 c. à soupe (30 ml) de beurre
- 1½ tasse (375 ml) d'eau bouillante
- 1 c. à thé (5 ml) de zeste de lime, fraîchement râpé
- Colorant alimentaire vert (facultatif)
- ¼ c. à thé (1 ml) de crème de tartre
- 1 abaisse de pâte à tarte parfaite (9 po ou 23 cm) cuite (voir la recette à la page 200)

** On peut remplacer le jus de limes Key fraîches par du jus de limes Key en bouteille.*

Donne 1 tarte

1 Dans une casserole de 8 tasses (2 l), combiner 1½ tasse (375 ml) de sucre, la fécule de maïs et le sel. Ajouter le jus de lime, l'eau et les jaunes d'œufs ; bien mélanger. Ajouter le beurre et l'eau bouillante progressivement. À feu moyen, porter le mélange à ébullition et cuire pendant 3 minutes en remuant à l'occasion. Incorporer le zeste de lime et le colorant aliment vert, si désiré. Retirer du feu et laisser refroidir pendant 20 minutes.

2 Battre les blancs d'œufs dans le bol du batteur sur socle, à vitesse élevée, jusqu'à l'obtention d'une consistance mousseuse. Ajouter la crème de tartre et fouetter jusqu'à l'obtention de pics mous. Continuer de battre, à vitesse élevée, en ajoutant progressivement le sucre, jusqu'à l'obtention de pics fermes.

3 Verser la garniture dans la croûte à tarte. Verser la meringue au centre en un monticule et étendre sur les côtés. Cuire à 350 °F (180 °C) pendant 15 minutes ou jusqu'à ce que la surface soit d'un beau brun doré. Laisser refroidir complètement avant de servir.

Tarte à la crème aux framboises

Croûte

- 1 1/3 tasse (325 ml) de pacanes moulues
- 2 c. à soupe (30 ml) de beurre fondu
- 1 c. à soupe (15 ml) de succédané de sucre à base de sucralose
- 1/4 c. à thé (1 ml) de cannelle moulue

Garniture

- 1/2 tasse (125 ml) d'eau
- 1 enveloppe de gélatine sans saveur
- 6 c. à soupe (90 ml) de sucre en poudre
- 1/4 tasse (60 ml) de succédané de sucre à base de sucralose
- 1 c. à soupe (15 ml) de jus de citron frais
- 1/8 c. à thé (0,5 ml) de sel
- 2 tasses (500 ml) de framboises fraîches ou 1 sac (12 oz ou 360 g) de framboises surgelées non sucrées, décongelées
- 1 tasse (250 ml) de crème à fouetter

Donne 1 tarte

1 Préchauffer le four à 350 °F (180 °C). Dans un bol moyen, combiner les pacanes, le beurre fondu, le succédané de sucre et la cannelle. Étendre en comprimant sur le fond et les côtés d'une assiette à tarte de 9 po (23 cm). Cuire de 5 à 7 minutes ou jusqu'à ce que la croûte soit légèrement brunie. Laisser refroidir complètement.

2 Verser 1/2 tasse (125 ml) d'eau dans une casserole de format moyen ; saupoudrer de gélatine. Laisser reposer pendant environ 5 minutes ou jusqu'à ce que la gélatine ait ramolli. Ajouter le sucre en poudre, le succédané de sucre, le jus de citron et le sel au mélange à base de gélatine. Cuire en remuant, à feu moyen-doux, jusqu'à ce que le sucre et la gélatine soient complètement dissous. Incorporer les framboises. Laisser reposer pendant environ 30 minutes ou jusqu'à ce que le mélange ait épaissi.

3 Battre la crème dans le grand bol du batteur sur socle jusqu'à l'obtention de pics fermes. Incorporer le mélange à base de framboises. Déposer dans la croûte préparée. Réfrigérer de 2 à 3 heures avant de servir.

Tarte fraises et bananes
rapide et crémeuse

- 1 paquet (16 oz ou 450 g) de fraises entières surgelées non sucrées, décongelées
- 2 c. à soupe (30 ml) plus 1½ c. à thé (23 ml) de jus d'orange concentré surgelé, décongelé et divisé
- ¼ tasse (60 ml) de sucre
- 1 enveloppe de gélatine sans saveur
- 3 blancs d'œufs, battus
- 1 paquet (7 oz ou 210 g chacun) de doigts de dame, coupés en deux
- 4 c. à thé (20 ml) d'eau
- ½ contenant (8 oz ou 225 g) de garniture fouettée congelée sans produits laitiers et à teneur réduite en gras, décongelée
- 1 banane moyenne, coupée en 4 dans le sens de la longueur et tranchée
- 1 c. à thé (5 ml) de billes décoratives multicolores (facultatif)

Donne 1 tarte

1 Déposer les fraises décongelées et 2 c. à soupe (30 ml) de concentré de jus d'orange dans le contenant du mélangeur ou du robot culinaire. Réduire jusqu'à l'obtention d'une consistance lisse.

2 Dans une casserole moyenne, mélanger ensemble le sucre et la gélatine. Incorporer le mélange à base de fraises. Cuire, en remuant souvent, jusqu'à ébullition.

3 Incorporer environ la moitié du mélange aux blancs d'œufs battus. Verser le mélange dans la casserole. Cuire, à feu moyen, en remuant sans arrêt, pendant environ 2 minutes ou jusqu'à ce que le mélange ait légèrement épaissi. (Ne pas faire bouillir.)

4 Verser dans un bol. Réfrigérer de 2 h à 2 h 30 jusqu'à ce que la préparation soit ferme, en remuant à quelques reprises.

5 Couper la moitié des doigts de dame en deux, à l'horizontale. Placer les doigts de dame tout autour de l'assiette à tarte avec fond amovible de 9 po (23 cm). Placer le reste des doigts de dame au fond ; les couper au besoin.

6 Mélanger 1½ c. à thé (7 ml) de concentré de jus d'orange et le reste d'eau. Étendre sur les doigts de dame.

7 Incorporer la garniture fouettée décongelée et les bananes au mélange à base de fraises. Déposer sur la croûte en doigts de dame. Réfrigérer pendant au moins 2 heures. Saupoudrer de brisures multicolores, si désiré. Couper en 10 pointes et servir.

Tarte campagnarde à la poire

- 3/4 tasse (175 ml) de cassonade
- 3 c. à soupe (45 ml) de farine tout usage
- 1/8 c. à thé (0,5 ml) de sel
- 1 pincée de clou de girofle
- 1 pincée de muscade moulue
- 1/3 tasse (75 ml) de crème épaisse
- 8 à 10 poires moyennes (environ 2½ lb ou 1,125 kg), pelées, évidées et finement tranchées
- 2 c. à soupe (30 ml) de jus de citron
- 2 c. à soupe (30 ml) de beurre
- Une recette de pâte à tarte parfaite (9 po ou 23 cm) non cuite (voir la recette à la page 200)

Donne 1 tarte

1 Dans un petit bol, combiner la cassonade, la farine, le sel, le clou de girofle et la muscade. Incorporer la crème. Dans un autre bol, arroser les poires de jus de citron. Ajouter le mélange à base de crème ; bien mélanger. Réserver.

2 Diviser la pâte en deux. Rouler une moitié à une épaisseur de 1/8 po (3 mm) et en recouvrir une assiette à tarte de 9 po (23 cm). Remplir du mélange à base de poires et y déposer les morceaux de beurre. Rouler l'autre moitié de pâte et couper en lanières de 1/2 po (1,25 cm). Créer un treillis sur les poires. Sceller les rebords et les pincer. Cuire au four à 400 °F (200 °C) de 35 à 40 minutes.

Tartelettes à la crème anglaise et aux prunes

- 1 tasse (250 ml) de crème 10 %
- 2 œufs
- 1 c. à soupe (15 ml) de farine tout usage
- ½ tasse (125 ml) plus 1 c. à soupe (15 ml) de sucre granulé, divisé
- ½ c. à thé (2 ml) de vanille
- ½ tasse (125 ml) de crème à fouetter
- 1 paquet (10 oz ou 285 g) de 6 fonds de pâte feuilletée surgelés, cuits conformément aux instructions de l'emballage (de type vol-au-vent)
- 1 c. à soupe (15 ml) de beurre
- 2 grosses prunes rouges fermes non pelées, coupées en deux, dénoyautées et tranchées en fins quartiers
- 1 c. à soupe (15 ml) de cassonade tassée

Donne 6 portions

1 Dans une casserole, à feu moyen, chauffer la crème. Dans un petit bol résistant à la chaleur, battre les œufs, la farine et ½ tasse (125 ml) de sucre. Verser progressivement ½ tasse (125 ml) de crème dans le mélange à base d'œufs, en remuant sans arrêt. Verser le mélange dans la casserole avec le reste de la crème. Cuire de 7 à 8 minutes, en remuant sans arrêt, jusqu'à ce que le mélange ait la consistance d'un pouding. Retirer du feu et incorporer la vanille. Passer au tamis dans un bol. Faire refroidir la crème anglaise jusqu'à ce qu'elle épaississe.

2 Battre la crème à fouetter, à vitesse moyenne-élevée, dans le bol du batteur sur socle jusqu'à l'obtention de pics souples. Ajouter la c. à soupe (15 ml) de sucre qu'il reste et battre jusqu'à l'obtention de pics fermes. Incorporer la crème anglaise refroidie à la crème. Diviser une partie du mélange à base de crème anglaise dans les fonds de pâte feuilletée. Réfrigérer le reste de crème anglaise.

3 Dans une poêle à frire moyenne, faire fondre le beurre et ajouter les quartiers de prunes. Cuire pendant 2 minutes ou jusqu'à ce que les prunes deviennent légèrement pulpeuses. Incorporer la cassonade et cuire pendant 1 minute de plus. Disposer quelques tranches de prunes sur chaque tartelette.

Salade d'épinards et champignons farcis au chèvre *(recette à la page 220)*

Salades et vinaigrettes

Fraîches, rapides à préparer et excellentes pour la santé, les salades sont maintenant élevées au rang de plat principal. Un bol de croustillantes feuilles de laitue garnies de légumes frais et d'une vinaigrette toute simple constitue une solution parfaite lorsqu'on se soucie de sa santé et qu'on est coincé par le temps.

Ces salades mettent en valeur les nombreux atouts des fruits et des légumes frais, et démontrent hors de tout doute que même les aliments sains peuvent constituer une aventure savoureuse et entièrement satisfaisante.

Salade d'épinards et champignons farcis au chèvre

(photo à la page 218)

- 5 oz (150 g) de bébés épinards ou 1 botte d'épinards, lavés et asséchés
- 4 c. à soupe (60 ml) d'huile d'olive
- 3 c. à soupe (45 ml) de vinaigre balsamique
- 2 c. à thé (10 ml) d'échalotes, hachées
- ¼ c. à thé (1 ml) de sel
- 8 champignons portobello ou gros champignons de Paris
- 2 c. à thé (10 ml) de miel
- 4 oz (120 g) de fromage de chèvre aux herbes
- 2 c. à soupe (30 ml) de fromage à la crème
- ¼ tasse (60 ml) d'amandes ou d'amandes grillées, tranchées ou effilées

Donne 4 portions

1 Disposer les épinards dans un grand plat de service ou dans les assiettes individuelles. Dans un petit bol ou dans un pot qui se referme, combiner l'huile d'olive, le vinaigre, l'échalote et le sel ; bien mélanger. Retirer les pieds des champignons. Napper 2 c. à soupe (30 ml) de mélange à base d'huile sur les capuchons des champignons (lamelles vers le haut) et laisser mariner de 15 à 30 minutes. Ajouter le miel au reste du mélange à base d'huile ; réserver.

2 Dans un petit bol, combiner le fromage de chèvre et le fromage à la crème ; réserver le temps que les fromages ramollissent.

3 Préchauffer le four à 400 °F (200 °C). Déposer les champignons dans un plat de cuisson, lamelles vers le bas, et cuire pendant 10 minutes. Retourner les champignons, les farcir d'environ 1 c. à soupe (15 ml) du mélange aux deux fromages. Cuire de 5 à 10 minutes, jusqu'à ce que le fromage soit chaud et ramolli.

4 Retirer les champignons du plat. Verser le liquide de cuisson dans la vinaigrette. Verser la moitié de la vinaigrette sur les épinards et touiller. Disposer les champignons farcis sur la salade. Napper les champignons du reste de vinaigrette. Parsemer d'amandes.

Salade rustique aux cerises séchées

- 3 tasses (750 ml) de pain français, coupé en dés (voir la recette en page 57)
- ¼ tasse (60 ml) de pacanes, hachées
- ½ tasse (125 ml) de cerises séchées, finement coupées
- 1 branche de céleri, parée et coupée en dés
- 3 c. à soupe (45 ml) d'huile de canola ou 1½ c. à soupe (23 ml) d'huile de canola et 1½ c. à soupe (23 ml) d'huile d'olive
- 3 c. à soupe (45 ml) de vinaigre de framboises
- 1 c. à soupe (15 ml) de miel
- 2 c. à soupe (30 ml) d'eau
- ¼ c. à thé (1 ml) de poudre de cari

Donne 4 portions

1 Faire griller le pain au four, à 350 °F (180 °C) pendant 15 minutes. Laisser refroidir complètement. Réserver.

2 Faire griller les pacanes dans une poêle à frire préchauffée, à feu moyen, pendant 3 minutes, en remuant souvent.

3 Dans un grand bol à salade, combiner les pacanes, les cerises, le céleri et le pain. Dans une tasse, combiner l'huile, le vinaigre, le miel, l'eau et la poudre de cari. Bien mélanger. Verser sur la salade et touiller. Servir immédiatement.

Salade française aux lentilles

- 8 tasses (2 l) d'eau
- 1 1/2 tasse (375 ml) de lentilles sèches, triées, rincées et égouttées*
- 1/4 tasse (60 ml) de noix de Grenoble, hachées
- 4 oignons verts, finement hachés
- 3 c. à soupe (45 ml) de vinaigre balsamique
- 2 c. à soupe (30 ml) de persil frais, haché
- 1 c. à soupe (15 ml) d'huile d'olive
- 3/4 c. à thé (4 ml) de sel
- 1/2 c. à thé (2 ml) de thym séché
- 1/4 c. à thé (1 ml) de poivre noir
- Feuille de laitue (facultatif)

** Les paquets de lentilles sèches contiennent parfois de la terre et des petites pierres. Il est donc important de bien rincer les lentilles, de les trier et de jeter tout ce qui est d'apparence inhabituelle.*

Donne 4 portions

1 Dans une grande casserole, combiner l'eau et les lentilles ; amener à ébullition à feu élevé. Couvrir ; réduire le feu et laisser mijoter pendant 30 minutes ou jusqu'à ce que les lentilles soient tendres ; remuer à l'occasion. Égoutter les lentilles ; jeter le liquide de cuisson.

2 Pendant ce temps, préchauffer le four à 375 °F (190 °C). Étendre les noix sur la plaque en une couche uniforme. Cuire 5 minutes ou jusqu'à ce qu'elles soient légèrement brunies. Laisser refroidir complètement sur la plaque.

3 Dans un grand bol, combiner les lentilles, les oignons, le vinaigre, le persil, l'huile, le sel, le thym et le poivre. Couvrir ; réfrigérer pendant 1 heure ou jusqu'à ce que la salade soit froide.

4 Servir sur des feuilles de laitue, si désiré. Garnir de noix grillées avant de servir.

Salace César au poulet grillé

- 1 lb (450 g) de demi-poitrines de poulet désossées sans la peau
- ½ tasse (125 ml) d'huile d'olive extra vierge
- 3 c. à soupe (45 ml) de jus de citron frais
- 2 c. à thé (10 ml) de pâte d'anchois
- 2 gousses d'ail, finement hachées
- ½ c. à thé (2 ml) de sel
- ½ c. à thé (2 ml) de poivre noir
- 6 tasses (1,5 l) de feuilles de romaine, déchirées
- 4 tomates italiennes, en quartiers
- ¼ tasse (60 ml) de parmesan râpé
- 1 tasse (250 ml) de croûtons à l'ail

Donne 4 portions

1 Placer le poulet dans un grand sac en plastique refermable pour aliments. Dans un petit bol, combiner l'huile, le jus de citron, la pâte d'anchois, l'ail, le sel et le poivre noir. Réserver ⅓ tasse (75 ml) de marinade ; couvrir et réfrigérer jusqu'au moment de servir. Verser le reste de la marinade sur le poulet, dans le sac. Fermer le sac hermétiquement ; le retourner pour bien enrober le poulet. Mariner au réfrigérateur pendant au moins 1 heure et un maximum de 4 heures ; retourner à l'occasion.

2 Dans un grand bol, combiner la laitue, les tomates et le fromage. Couvrir ; réfrigérer jusqu'au moment de servir.

3 Préparer le barbecue pour une cuisson directe. Égoutter le poulet et verser la marinade dans une petite casserole. Porter la marinade à ébullition et laisser bouillir pendant 1 minute.

4 Déposer le poulet sur la grille. Faire griller le poulet à feu couvert à chaleur moyenne de 10 à 12 minutes, ou jusqu'à ce que le poulet ne soit plus rose au centre, en badigeonnant de marinade après 5 minutes et en le retournant à la mi-cuisson. Jeter le reste de marinade. Laisser le poulet refroidir légèrement.

5 Trancher le poulet chaud en lanières de ½ po (1,25 cm) de largeur ; ajouter le poulet et les croûtons au mélange de laitue dans le bol. Napper du ⅓ tasse (75 ml) de marinade réservée ; touiller pour bien enrober.

Salade aux tomates marinées

- 1½ tasse (375 ml) de vinaigre d'estragon ou de vinaigre de vin blanc
- ½ c. à thé (2 ml) de sel
- ¼ tasse (60 ml) d'échalote, finement hachée
- 2 c. à soupe (30 ml) de ciboulette, finement hachée
- 2 c. à soupe (30 ml) de jus de citron frais
- ¼ c. à thé (2 ml) de poivre blanc
- 2 c. à soupe (30 ml) d'huile d'olive extra vierge
- 6 tomates italiennes, en quartiers
- 2 grosses tomates jaunes* en tranches de ½ po (1,25 cm)
- 16 tomates cerises, coupées en deux
- 16 petites tomates poires jaunes*, coupées en deux (facultatif)
- Germes de tournesol (facultatif)

** Remplacer les tomates jaunes ou les tomates poires jaunes par 10 tomates italiennes, si désiré.*

Donne 8 portions

1 Dans un grand bol, combiner le vinaigre et le sel ; mélanger jusqu'à ce que le sel soit complètement dissous. Ajouter l'échalote, la ciboulette, le jus de citron et le poivre ; bien mélanger. En fouettant, incorporer lentement l'huile jusqu'à l'obtention d'une consistance homogène.

2 Ajouter les tomates à la marinade ; bien mélanger. Couvrir ; laisser reposer à la température ambiante pendant 30 minutes.

3 Pour servir, mettre 3 quartiers de tomates italiennes dans chacune des 8 assiettes de salade. Ajouter 2 tranches de tomates jaunes, 4 moitiés de tomates cerises et 4 moitiés de tomates poires, si désiré. Garnir de germes de tournesol.

Vinaigrette au fromage bleu

1 tasse (250 ml) de mayonnaise
2/3 tasse (150 ml) de fromage bleu émietté
2 c. à soupe (30 ml) de jus de lime
1/4 c. à thé (1 ml) de poivre noir

Donne 2 tasses (500 ml)

Déposer tous les ingrédients dans le bol du batteur sur socle. Actionner le batteur à basse vitesse et mixer pendant 1 minute. Bien refroidir avant de servir.

Vinaigrette russe

1 tasse (250 ml) de mayonnaise
1/2 tasse (125 ml) de ketchup
2 gouttes de sauce au piment
1/4 tasse (60 ml) de persil frais, haché
Sel et poivre noir

Donne 1 1/2 tasse (375 ml)

Déposer tous les ingrédients dans le bol du batteur sur socle. Actionner le batteur à basse vitesse et mixer pendant 1 minute. Bien refroidir avant de servir.

Vinaigrette aux graines de pavot

1/4 tasse (60 ml) de sucre
1/3 tasse (75 ml) de vinaigre de cidre
1 c. à thé (5 ml) de moutarde sèche
1 c. à thé (5 ml) d'oignon, haché
1 c. à thé (5 ml) de sel
1 tasse (250 ml) d'huile végétale
1 1/2 c. à thé (7 ml) de graines de pavot

Donne 1 1/2 tasse (375 ml)

1 Déposer le sucre, le vinaigre, la moutarde sèche, l'oignon et le sel dans le bol du batteur sur socle. Actionner à vitesse moyenne-basse et fouetter pendant 2 minutes.

2 Régler à la vitesse moyenne-élevée et ajouter lentement l'huile en un mince filet uniforme, jusqu'à ce qu'elle soit complètement amalgamée. Régler à basse vitesse ; ajouter les graines de pavot ; mixer jusqu'à ce qu'elles soient bien mélangées. Bien refroidir avant de servir.

Salade du marché

- 3 œufs
- 4 tasses (1 l) de jeunes feuilles de laitues, lavées
- 2 tasses (500 ml) de haricots verts, coupés en morceaux de 1½ po (3,75 cm), cuits et égouttés
- 4 fines tranches de bacon, cuit croustillant et émietté
- 1 c. à soupe (15 ml) de basilic (ciboulette ou persil) frais, haché
- 3 c. à soupe (45 ml) d'huile d'olive
- 1 c. à soupe (15 ml) de vinaigre de vin rouge
- 1 c. à thé (5 ml) de moutarde de Dijon
- ¼ c. à thé (1 ml) de sel
- ¼ c. à thé (1 ml) de poivre noir

Donne 4 portions

1 Dans une casserole remplie d'eau, déposer les œufs ; amener à ébullition à feu moyen-élevé. Retirer immédiatement du feu. Couvrir ; laisser reposer pendant 10 minutes. Égoutter ; laisser les œufs refroidir à la température ambiante.

2 Dans un grand bol, combiner les feuilles de laitue, les haricots verts, le bacon et le basilic. Écaler et hacher grossièrement les œufs ; les ajouter à la salade dans le bol. Dans un petit bol, combiner l'huile, le vinaigre, la moutarde, le sel et le poivre ; en napper la salade. Touiller pour bien enrober.

Sauce barbecue façon Kansas City *(recette à la page 231)*

Accompagnements et sauces

Quoi de mieux pour agrémenter un pavé de côtes levées qu'une succulente sauce barbecue sucrée et piquante... Par ailleurs, un bœuf braisé ne peut prétendre être à son meilleur sans un monticule de purée de pommes de terre.

Les accompagnements et les sauces sont souvent la clé d'un repas réussi. N'hésitez pas à les adopter pour enrichir les saveurs et textures de vos plats principaux, et ainsi créer des menus parfaits en toutes occasions.

Aubergines farcies

- 3 aubergines moyennes sans la queue
- 2 petits oignons, en quartiers
- 2 gousses d'ail
- 1/4 tasse (60 ml) d'huile d'olive
- 3/4 tasse (175 ml) de riz à grain long
- Bouillon de poulet (10 3/4 oz ou 340 ml) ou de bouillon de poulet sans gras à teneur réduite en sel
- 1 c. à thé (5 ml) de sucre
- 1/2 c. à thé (2 ml) de basilic séché
- 1/2 c. à thé (1 ml) de sel
- 1/2 c. à thé (2 ml) de poivre noir
- 1 pincée de cannelle moulue
- 2 tomates, en dés
- 1/2 tasse (125 ml) de parmesan râpé
- 2 c. à soupe (30 ml) de beurre, fondu

ASTUCE

Privilégiez les aubergines qui sont fermes et dont la peau violette est lisse.

Donne 6 portions

1 Couper les aubergines en deux, dans le sens de la longueur. Retirer la chair en laissant une coquille de 3/8 po (1 cm) ; réserver.

2 Déposer la chair des aubergines, les oignons et l'ail dans le contenant du robot culinaire ; pulser jusqu'à ce que le tout soit grossièrement haché.

3 Dans une poêle à frire de 12 po (30 cm), sur un feu moyen, chauffer l'huile. Ajouter les légumes hachés ; cuire en mélangeant pendant 4 minutes. Ajouter le riz, le bouillon de poulet, le sucre, le basilic, le sel, le poivre et la cannelle ; bien mélanger. Couvrir et cuire à feu doux pendant 15 minutes. Ajouter les tomates et laisser mijoter 10 minutes de plus.

4 Retirer le mélange du feu et incorporer le parmesan. Farcir chaque coquille d'aubergine. Déposer les aubergines farcies dans un plat graissé de 13 x 9 x 2 po (33 x 23 x 5 cm).

5 Badigeonner les aubergines de beurre. Bien couvrir et cuire à 325 °F (160 °C) pendant 20 minutes. Retirer le couvercle et couvrir 30 minutes de plus ou jusqu'à ce que la surface de chaque aubergine soit croûtée. Servir immédiatement.

Courge fouettée aux herbes

1 grosse courge musquée cuite (donne environ 3 tasses ou 750 ml une fois cuite)
¼ tasse (60 ml) de beurre, fondu
½ c. à thé (2 ml) d'estragon séché
⅛ c. à thé (0,5 ml) de sel
⅛ c. à thé (0,5 ml) de poivre noir

Donne 6 portions

Vider la courge cuite et déposer la chair dans le bol du batteur sur socle. Actionner à vitesse moyenne-basse et battre pendant environ 30 secondes. Ajouter le reste des ingrédients. Régler à basse vitesse et mixer pendant environ 30 secondes. Actionner le batteur à vitesse moyenne-basse et battre pendant 2 minutes de plus.

Sauce barbecue Kansas City

(photo à la page 228)

1½ (375 ml) de ketchup
⅓ tasse (75 ml) de cassonade pâle légèrement tassée
¼ tasse (60 ml) de mélasse
¼ tasse (60 ml) de vinaigre de cidre
1 c. à soupe (15 ml) de moutarde sèche
2 c. à thé (10 ml) de poudre d'oignon
2 c. à thé (10 ml) de poudre de chili
1 c. à thé (5 ml) de paprika
1 c. à thé (5 ml) de poudre d'ail
1 c. à thé (5 ml) de cumin moulu
¼ c. à thé (1 ml) de toute-épice moulue
⅛ c. à thé (0,5 ml) de piment rouge moulu

Donne 2 tasses (500 ml)

À feu moyen-élevé, combiner tous les ingrédients dans une casserole de format moyen. Porter à ébullition ; remuer pour dissoudre le sucre ; couvrir et laisser mijoter à feu moyen-bas. Laisser mijoter, en remuant à l'occasion, pendant 20 minutes ou jusqu'à ce que la sauce ait légèrement épaissi.

Betteraves grillées glacées
à l'orange et à l'érable

4 betteraves moyennes, bien nettoyées
2 c. à thé (10 ml) d'huile d'olive
¼ tasse (60 ml) de jus d'orange, fraîchement pressé
2 c. à thé (10 ml) de zeste d'orange, râpé
3 c. à soupe (45 ml) de vinaigre balsamique ou de vinaigre de cidre
1 c. à thé (5 ml) de moutarde de Dijon
2 c. à soupe (10 ml) de sirop d'érable
Sel et poivre noir
1 à 2 c. à soupe (15 à 30 ml) de menthe fraîche, hachée (facultatif)

Donne 4 portions

1 Préchauffer le four à 425 °F (230 °C). Enduire les betteraves d'huile d'olive et les déposer dans un plat de cuisson. Couvrir et cuire de 45 minutes à 1 heure ou jusqu'à ce qu'un couteau s'insère facilement au cœur de la plus grosse betterave. Retirer les betteraves du feu et laisser refroidir. Une fois refroidies, les peler et les couper en deux. Les déposer à plat et les couper en tranches.

2 Déposer les betteraves tranchées dans un plat de cuisson en verre. Dans un petit bol, combiner le jus d'orange et la moitié du zeste, le vinaigre, la moutarde et le sirop d'érable. Bien mélanger et verser sur les betteraves. Remettre les betteraves au four jusqu'à ce qu'elles soient chaudes et qu'elles aient absorbé la marinade, soit de 10 à 15 minutes. Retirer du four et déposer sur un plateau de service. Saupoudrer du reste de zeste, de sel, de poivre et de menthe (si désiré).

Haricots verts et shiitakes

- 10 à 12 shiitakes séchés (env. 1 oz ou 30 g)
- 3/4 tasse (175 ml) d'eau, divisée
- 3 c. à soupe (45 ml) de sauce aux huîtres
- 1 c. à soupe (15 ml) de fécule de maïs
- 4 gousses d'ail, finement hachées
- 1/8 c. à thé (0,5 ml) de flocons de piment rouge
- 1 c. à soupe (15 ml) d'huile végétale
- 3/4 à 1 lb (338 à 450 g) de haricots verts frais, extrémités coupées
- 1/3 tasse (75 ml) de basilic frais, en fines tranches ou coriandre, hachée
- 2 oignons verts, tranchés en diagonale
- 1/3 tasse (75 ml) d'arachides, grillées (facultatif)

Donne 4 à 6 portions

1 Déposer les champignons dans un bol et recouvrir d'eau chaude. Laisser reposer pendant 30 minutes ou jusqu'à ce que les capuchons soient mous. Égoutter et comprimer pour éliminer le surplus d'eau. Enlever et jeter les pieds. Trancher les capuchons en fines lanières.

2 Dans un petit bol, combiner 1/4 tasse (60 ml) d'eau, la sauce aux huîtres, la fécule de maïs et le piment rouge ; bien mélanger. Réserver.

3 Chauffer une poêle à frire ou un wok à feu moyen-élevé. Ajouter l'huile et pencher la poêle pour en enduire le fond. Ajouter les champignons, les haricots et le reste de l'eau ; cuire en remuant jusqu'à ce que l'eau bouillonne. Réduire le feu à intensité moyenne-basse et cuire de 8 à 10 minutes ou jusqu'à ce que les haricots soient croustillants mais tendres, en remuant à l'occasion.

4 Incorporer le mélange à base de fécule de maïs au wok ou à la poêle. Cuire en remuant jusqu'à ce que la sauce épaississe et que les haricots soient bien enrobés. (Si l'eau de cuisson s'est évaporée, en ajouter suffisamment pour créer une sauce épaisse.) Incorporer le basilic, les oignons verts et les arachides (si désiré) ; bien mélanger. Transvider dans une assiette de service.

Croquant de patates douces

- 2 patates douces moyennes, cuites et pelées
- ½ tasse (125 ml) de lait partiellement écrémé (1%)
- ⅓ tasse (75 ml) de sucre
- 2 œufs
- 2 c. à soupe (30 ml) de beurre
- ½ c. à thé (2 ml) de muscade moulue
- ½ c. à thé (2 ml) de cannelle moulue
- Garniture pralinée croquante (recette ci-contre)

Donne 6 portions (½ tasse ou 125 ml par portion)

1 Déposer les patates douces dans le bol du batteur sur socle. Régler à basse vitesse et mixer pendant environ 30 secondes. Ajouter le lait, le sucre, les œufs, le beurre, la muscade et la cannelle. Actionner le batteur à vitesse moyenne-basse et mixer pendant 1 minute.

2 Étendre le mélange dans une assiette à tarte graissée de 9 po (23 cm). Cuire à 400 °F (200 °C) pendant 20 minutes ou jusqu'à ce qu'il fige. Préparer la garniture pralinée croquante pendant que le feuilleté cuit. Étendre la garniture sur le feuilleté chaud. Cuire pendant 10 minutes de plus.

Garniture pralinée croquante

- 2 c. à soupe (30 ml) de beurre, fondu
- ¾ tasse (175 ml) de flocons de maïs
- ½ tasse (125 ml) de noix de Grenoble ou pacanes, hachées
- ¼ tasse (60 ml) de cassonade foncée tassée

Déposer tous les ingrédients dans le bol du batteur sur socle. Régler le batteur à basse vitesse et mixer pendant environ 15 secondes.

Pommes de terre nouvelles farcies

- 8 petites pommes de terre nouvelles rouges, bouillies avec la peau
- 1/4 tasse (60 ml) de crème sure à teneur réduite en matières grasses
- 1 c. à soupe (15 ml) de beurre fondu
- 1/4 c. à thé (1 ml) de sel d'ail
- 1/4 c. à thé (1 ml) de thym séché
- 1/4 tasse (60 ml) d'oignons verts, finement coupés
- 1/4 tasse (60 ml) de cheddar, finement râpé
- Paprika (facultatif)

Donne 8 portions (2 demi-pommes de terre par personne)

1 Couper les pommes de terre en deux. Retirer la chair en laissant une coquille de 1/8 po (3 mm). Déposer la chair des pommes de terre dans le bol du batteur sur socle. Actionner le batteur à basse vitesse et mixer pendant environ 1 minute. Ajouter la crème sure, le beurre, le sel d'ail et le thym. Actionner à vitesse moyenne-basse et battre pendant environ 30 secondes. Régler à basse vitesse et ajouter les oignons ; mixer jusqu'à l'obtention d'un mélange homogène.

2 Farcir les peaux de pommes de terre du mélange, à l'aide d'une cuillère ou d'une poche à douille. Placer les peaux remplies dans un plat de cuisson peu profond. Cuire de 20 à 25 minutes à 375 °F (190 °C) ou jusqu'à ce qu'elles soient bien chaudes. Garnir d'oignons verts, de fromage et de paprika, au goût (si désiré). Cuire pendant 5 minutes de plus ou jusqu'à ce que le fromage soit fondu. Servir chaud.

Pommes de terre au fromage suisse et au bacon

- 6 tranches de bacon
- 1 oignon moyen, pelé et haché
- 8 oz (225 g) de fromage suisse, finement râpé, divisé
- 4 œufs, battus
- 3/4 tasse (175 ml) de crème épaisse
- 1/4 c. à thé (1 ml) de muscade moulue
- 1/2 c. à thé (2 ml) de sel
- 1/4 c. à thé (1 ml) de poivre noir
- 1 gousse d'ail, finement hachée
- 3 à 4 pommes de terre, pelées et grossièrement râpées

Donne 6 à 8 portions

1 À feu moyen-élevé, cuire le bacon, dans une poêle à frire, jusqu'à ce qu'il soit croustillant. Retirer de la poêle, laisser refroidir suffisamment et émietter. Garder 1/4 tasse (60 ml) de gras de bacon et jeter le reste. Ajouter l'oignon et cuire en remuant pendant 3 minutes ; retirer du feu et réserver.

2 Dans une casserole moyenne, combiner la moitié du fromage râpé, les œufs, la crème épaisse, la muscade, le sel, le poivre et l'ail. Cuire à feu doux, en remuant à l'occasion, jusqu'à ce que le fromage fonde. Ne pas faire bouillir. Incorporer les pommes de terre et l'oignon ; bien mélanger.

3 Verser la moitié du mélange fromage/pommes de terre dans un plat graissé de 9 x 9 x 1,5 po (23 x 23 x 4 cm). Saupoudrer la moitié du bacon émietté sur le mélange. Répéter avec le reste du mélange fromage/pommes de terre et le reste du bacon. Garnir du reste de fromage. Cuire de 45 à 50 minutes à 400 °F (200 °C) ou jusqu'à ce que le mélange bouillonne et soit légèrement doré. Servir immédiatement.

Chou rouge braisé

- 1 petit chou rouge, évidé et finement tranché
- ¼ tasse (60 ml) de sucre
- 1 c. à soupe (15 ml) de sel
- 1 tasse (250 ml) de vinaigre de vin rouge
- ¼ tasse (60 ml) de beurre
- 1 oignon, pelé et finement tranché
- 1 pomme pelée, évidée et coupée en dés
- ½ tasse (125 ml) de gelée de groseilles
- ¼ tasse (60 ml) d'eau chaude
- ⅛ c. à thé (0,5 ml) de clou de girofle moulu
- ¼ c. à thé (1 ml) de cannelle moulue

Donne 6 à 8 portions

1 Dans un grand bol, combiner le chou, le sucre, le sel et le vinaigre ; laisser mariner pendant 15 minutes.

2 Faire fondre le beurre, à feu moyen, dans une marmite de 20-24 tasses (5-6 l). Ajouter l'oignon et cuire en remuant pendant environ 5 minutes ou jusqu'à ce qu'il soit translucide. Ajouter la pomme et cuire en remuant pendant 5 minutes de plus. Ajouter le mélange à base de chou dans la marmite et amener à ébullition ; réduire l'intensité du feu.

3 Dans un bol, combiner la gelée, l'eau chaude, le clou de girofle et la cannelle. Ajouter au mélange à base de chou. Couvrir et laisser mijoter pendant 1 heure ou jusqu'à tendreté. Servir immédiatement.

Soufflé aux épinards

- 2 paquets (10 oz ou 285 g chacun) d'épinards surgelés, hachés et cuits
- 1/4 tasse (60 ml) de beurre
- 1 c. à soupe (15 ml) d'oignon, haché fin
- 5 c. à soupe (75 ml) de farine
- 1 tasse (250 ml) de lait
- 1/4 lb (113 g) de cheddar, râpé
- 1 c. à thé (5 ml) de sel
- 1/4 c. à thé (1 ml) de poivre noir
- 1/8 c. à thé (0,5 ml) de muscade moulue
- 3 œufs, jaunes et blancs, séparés

Donne 4 à 6 portions

1 Essorer les épinards dans un linge jusqu'à ce qu'ils soient bien secs. Déposer les épinards dans le contenant du robot culinaire et pulser jusqu'à ce qu'ils soient grossièrement hachés ; réserver.

2 Faire fondre le beurre dans une casserole, à feu moyen. Ajouter l'oignon ; cuire en remuant pendant 5 minutes. Incorporer la farine, puis ajouter progressivement le lait ; remuer jusqu'à l'obtention d'un mélange uniforme. Poursuivre la cuisson jusqu'à épaississement, soit environ 5 minutes. Retirer le mélange du feu et incorporer les épinards, le fromage, le sel, le poivre et la muscade ; réserver.

3 Déposer les blancs d'œufs dans le bol du batteur sur socle. Régler à vitesse moyenne-élevée et fouetter jusqu'à l'obtention de pics fermes, mais pas secs. Retirer les blancs d'œufs du bol. Nettoyer le bol du batteur.

4 Déposer les jaunes d'œufs dans le bol du batteur. Régler à vitesse moyenne-basse et fouetter jusqu'à l'obtention d'une consistance épaisse, soit environ 1 minute.

5 Plier le mélange d'épinards et de fromage dans les blancs d'œufs battus, puis plier le tout dans les jaunes d'œuf battus. Verser dans un plat à soufflé graissé de 1,5 l et cuire à 350 °F (180 °C) de 45 à 50 minutes. Servir immédiatement.

Casserole de pommes de terre à la méditerranéenne

- 3 c. à soupe (45 ml) d'huile d'olive, divisée
- 3 pommes de terre Yukon Gold ou Yellow Finn, pelées
- 1 patate douce moyenne, pelée
- 2 à 3 c. à thé (10 à 15 ml) d'herbes de Provence
- 1 c. à thé (5 ml) de gros sel ou de sel kosher
- ½ tasse (125 ml) de bouillon de légumes ou de poulet
- 3 c. à soupe (45 ml) de asiago ou de parmesan, râpé

Donne 4 portions

1 Préchauffer le four à 425 °F (220 °C). Verser 1 c. à soupe (15 ml) d'huile d'olive au fond d'un plat carré en verre ou en céramique de 8 po (20 cm) pour recouvrir le fond du plat.

2 Trancher les pommes de terre au robot culinaire à l'aide de la lame à trancher de 1/10 po (3 mm). Retirer du contenant et réserver. Trancher les patates douces et réserver.

3 Étendre 1 couche de pommes de terre au fond du plat. Napper légèrement d'huile d'olive et saupoudrer d'environ 1 c. à thé (5 ml) d'herbes et de sel. Répéter en alternant les étages de patates douces et de pommes de terre. Verser le bouillon sur la couche supérieure ; saupoudrer d'herbes et couvrir.

4 Cuire pendant 30 minutes. Retirer le couvercle. Napper d'environ 1 c. à thé (5 ml) d'huile d'olive et parsemer de fromage.

5 Faire griller pendant 3 minutes jusqu'à ce que le fromage grésille. Sortir du four et laisser reposer 5 minutes avant de servir.

Relish de poivrons rouges

- 2 grosses tomates, coupées en 8
- 2 branches de céleri, en morceaux de 1 po (2,5 cm)
- 3 poivrons rouges, épépinés et coupés en 8
- 1 oignon, coupé en quartiers
- 1 c. à soupe (15 ml) de sel
- 2 c. à soupe (30 ml) de sucre
- 1/8 c. à thé (0,5 ml) de quatre-épices moulu
- 1/8 c. à thé (0,5 ml) de cannelle moulue
- 1/8 c. à thé (0,5 ml) de clou de girofle moulu
- 1/4 tasse (60 ml) de vinaigre de vin rouge

Donne 4 tasses (500 ml)

1 Passer les tomates au moulin et les déposer dans un grand bol de verre ; réserver.

2 Déposer le céleri, les poivrons et l'oignon dans le contenant du robot culinaire ; pulser jusqu'à ce que le tout soit grossièrement haché. Verser le mélange aux poivrons dans le bol contenant les tomates. Ajouter le sel, le sucre, le quatre-épices, la cannelle, le clou et le vinaigre ; bien mélanger.

3 Couvrir et réfrigérer pendant au moins 8 heures avant de servir ; remuer à l'occasion.

Pour stériliser des pots : Laver les pots dans de l'eau chaude savonneuse et bien rincer. Les déposer dans une grande marmite et les recouvrir d'eau. Porter à ébullition, puis laisser bouillir pendant 15 minutes. Arrêter le feu et laisser les pots dans l'eau chaude jusqu'au moment de les remplir. Stériliser les couvercles pendant 5 minutes ou conformément aux instructions du fabricant.

Sauce au fromage

- 2 c. à soupe (30 ml) de beurre
- 2 c. à soupe (30 ml) de farine tout usage
- 1 1/2 tasse (375 ml) de lait, divisé
- 1/8 c. à thé (0,5 ml) de muscade moulue
- 1/4 c. à thé (1 ml) de poivre noir
- 1/4 c. à thé (1 ml) de sel
- 1/4 c. à thé (1 ml) de moutarde sèche
- 8 oz (225 g) de cheddar, râpé
- 2 c. à thé (10 ml) de xérès, (sherry) sec

Donne 2 tasses (500 ml)

1 Faire fondre le beurre dans une grande casserole, à feu moyen. Incorporer la farine et remuer pendant 2 minutes. Ajouter progressivement 1 tasse (250 ml) de lait ; remuer jusqu'à l'obtention d'une consistance lisse.

2 Ajouter la muscade, le poivre, le sel et la moutarde sèche ; remuer pendant 1 minute de plus. Ajouter le fromage râpé ; remuer jusqu'à ce qu'il soit fondu. Ajouter le reste du lait, le xérès et cuire pendant 2 minutes. Servir immédiatement.

Sauce au raifort

- 1 tasse (250 ml) de crème épaisse
- 3 c. à soupe (45 ml) de raifort
- 1/4 c. à thé (1 ml) de sel
- 1/4 tasse (60 ml) de persil frais, haché

Donne 2 tasses (500 ml)

Verser la crème dans le bol du batteur sur socle. Actionner le batteur à vitesse moyenne-élevée et fouetter jusqu'à l'obtention de pics fermes. Régler à basse vitesse ; ajouter le raifort, le sel et le persil ; mixer jusqu'à homogénéité. Servir immédiatement.

Salade de chou piquante

- 1 petit chou (1 1/2 à 2 lb ou 675 à 900 g)
- 1/2 tasse (125 ml) de carottes râpées
- 1/2 tasse (125 ml) de mayonnaise
- 1/2 tasse (125 ml) de crème sure
- 1/4 à 1/3 tasse (60 à 75 ml) de sauce crémeuse au raifort
- 2 à 3 c. à soupe (30 à 45 ml) de sucre granulé
- 3/4 c. à thé (4 ml) de sel
- 1/2 c. à thé (2 ml) de sel de céleri
- 1/4 c. à thé (1 ml) de moutarde sèche

Donne 8 portions

1 Évider le chou ; le couper en gros morceaux. Quelques morceaux à la fois, le hacher finement au robot culinaire. Transvider dans un grand bol avec couvercle. (Ne pas laver le contenant du robot culinaire.) Incorporer les carottes au chou.

2 Ajouter le reste des ingrédients au robot culinaire ; pulser jusqu'à ce qu'ils soient bien combinés. Ajouter le raifort et le sucre au goût. Verser le mélange sur le chou ; bien touiller. Couvrir et refroidir au moins 8 heures et un maximum de 24 heures.

Feuilles de chou vert à la mode du sud

- 8 tranches de bacon fumé
- 1 gros oignon, haché
- 1 c. à thé (5 ml) de sucre
- 3 gousses d'ail, finement hachées
- 1/8 c. à thé (0,5 ml) de flocons de piment rouge
- 2 c. à soupe (30 ml) de vinaigre de cidre
- 3 lb (1,35 kg) de feuilles de chou vert, lavées et hachées, tiges enlevées
- 1 boîte (14 1/2 oz ou 450 ml) de bouillon de poulet sans gras à teneur réduite en sel
- 1/2 c. à thé (2 ml) de sel
- 1/4 c. à thé (1 ml) de poivre noir

Donne 4 portions

1 Cuire le bacon dans un grand faitout, à feu moyen, jusqu'à ce qu'il soit croustillant, soit de 8 à 9 minutes. Déposer dans une assiette recouverte de papier essuie-tout et bien égoutter. Émietter le bacon et réserver.

2 Verser le gras du bacon pour ne garder que 3 c. à soupe (45 ml) et remettre le faitout sur le feu. Ajouter l'oignon et le sucre ; cuire de 5 à 6 minutes, jusqu'à ce que l'oignon brunisse légèrement, en remuant à l'occasion. Ajouter l'ail et les flocons de piment rouge ; cuire pendant 1 minute de plus. Ajouter le vinaigre et cuire pendant 45 secondes. Incorporer les feuilles de chou et cuire, en remuant, jusqu'à ce qu'elles fanent, soit environ 3 minutes. Ajouter l'équivalent de 6 tranches de bacon émietté, le bouillon, le sel et le poivre.

3 Porter à ébullition. Couvrir et réduire le feu à une intensité moyenne à basse. Faire mijoter jusqu'à ce que les feuilles de chou soient très tendres, soit environ 45 minutes. Répartir dans 4 assiettes et garnir chacune des miettes de bacon réservées.

Sauce créole piquante

- 2 c. à soupe (30 ml) d'huile d'olive
- 1 gros oignon, coupé en dés
- 1 gros poivron vert, épépiné et coupé en dés
- 3 branches de céleri, en dés
- 3/4 tasse (175 ml) de purée de tomate*
- 1 tasse (250 ml) de champignons tranchés
- 2 grosses tomates épépinées et coupées en dés
- 1 feuille de laurier
- 3 gouttes de sauce au piment

** La purée de tomate peut être remplacée par 3 grosses tomates broyées au moulin.*

Donne 2½ tasses (625 ml)

1 Dans une poêle à frire de 12 po (30 cm), sur un feu moyen, chauffer l'huile. Ajouter l'oignon, le poivron vert et le céleri. Cuire en remuant pendant environ 5 minutes ou jusqu'à ce que l'oignon soit translucide.

2 Ajouter la purée de tomate, les champignons, les tomates en dés, la feuille de laurier et la sauce au piment. Réduire le feu et laisser mijoter à couvert pendant 20 minutes. Retirer la feuille de laurier avant de servir. Utiliser la sauce avec des poissons ou volailles cuites au four ou comme garniture pour une omelette.

Sauce rémoulade

- 1 tasse (250 ml) de mayonnaise
- 3 c. à soupe (45 ml) de câpres, hachées
- 1 c. à soupe (15 ml) de cornichons à l'aneth, hachés
- 1/2 c. à thé (2 ml) d'estragon séché
- 1/2 c. à thé (2 ml) de cerfeuil séché
- 1/4 c. à thé (2 ml) de sel
- 1/4 c. à thé (2 ml) de poivre noir
- 2 c. à soupe (30 ml) de moutarde de Dijon

Donne 1 tasse (250 ml)

Déposer tous les ingrédients dans le bol du batteur sur socle. Actionner à vitesse moyenne-basse et fouetter pendant 1 minute. Bien refroidir avant de servir.

Index

Accompagnements et sauces

- Aubergines farcies....................230
- Betteraves grillées glacées à l'orange et à l'érable..........232
- Casserole de pommes de terre à la méditerranéenne........243
- Chou rouge braisé....................241
- Courge fouettée aux herbes..........................231
- Croquant de patates douces...236
- Feuilles de chou vert à la mode du sud................246
- Haricots verts et shiitakes.....234
- Pommes de terre au fromage suisse et au bacon.............240
- Pommes de terre nouvelles farcies..................................238
- Relish de poivrons rouges......244
- Salade de chou piquante........245
- Sauce au fromage....................244
- Sauce au raifort.......................245
- Sauce barbecue Kansas City..........................231
- Sauce créole piquante............247
- Sauce rémoulade......................247
- Soufflé aux épinards................242

Agneau braisé à la méditerranéenne 159

Agneau

- Agneau braisé à la méditerranéenne 159
- Carré de côtes d'agneau rôti aux herbes....................169
- Côtelettes d'agneau à la marocaine....................165
- Moussaka grecque traditionnelle......................172

Arancini.. 22

Assaisonnement «jerk».................... 31

Aubergines farcies..........................230

Baba gannouj.................................... 34

Baklavas..143

Bar rayé en pâte de haricots noirs à l'asiatique 168

Barres à la noix de coco et au citron............110

Barres aux brisures de chocolat...109

Barres banane, pacanes et chocolat 120

Bâtonnets de fromage...................... 35

Beignes à l'ancienne......................... 41

Besan... 24

Betteraves grillées glacées à l'orange et à l'érable......232

Biftecks d'aloyau avec sauce chimichurri.....150

Biscuits à l'avoine, aux raisins secs et aux abricots...........124

Biscuits au beurre d'arachide....... 116

Biscuits aux brisures de chocolat.......................... 119

Biscuits aux morceaux de chocolat et de noix de macadamia. 112

Biscuits poudre à pâte..................... 51

Biscuits, barres et bonbons

- Barres à la noix de coco et au citron 110
- Barres aux brisures de chocolat..........................109
- Barres banane, pacanes et chocolat 120
- Biscuits à l'avoine, aux raisins secs et aux abricots...........124
- Biscuits au beurre d'arachide..116
- Biscuits aux brisures de chocolat.......................... 119
- Biscuits aux morceaux de chocolat et de noix de macadamia 112
- Biscuits poudre à pâte............. 51
- Brownies à la citrouille...........122
- Brownies au fudge.................. 117
- Brownies deux étages au caramel écossais........... 114

Carrés au dulce de leche........125
Divinités........121
Fudge du chocolat........118
Macarons fondants........118
Meilleurs biscuits au sucre, les........124
Sablés aux brisures de chocolat, glaçage au thé Earl Grey..108

Bœuf

Biftecks d'aloyau avec sauce chimichurri........150
Bœuf au gingembre et aux pois mange-tout........158
Filet mignon avec beurre à l'estragon........167
Rôti de côte en croûte de moutarde........156
Roulé de bœuf........160
Sauce bolognaise........186

Bœuf au gingembre et aux pois mange-tout........158
Bouchées panini Margarita........19
Brochettes barbecue à l'asiatique...20
Brownies à la citrouille........122
Brownies au fudge........117
Brownies deux étages au caramel écossais........114
Café au lait moka java épicé........66
Carré de côtes d'agneau rôti aux herbes........169
Carrés au dulce de leche........125

Casserole de pain doré aux pommes et à la cannelle........82
Casserole de pommes de terre à la méditerranéenne........243
Challah........50
Champignons farcis à la saucisse........37
Chilaquiles de poulet avec salsa de chipotles........68
Chou rouge braisé........241
Choux farcis........30
Côtelettes d'agneau à la marocaine........165
Côtelettes de porc avec pommes et patates douces........152
Courge fouettée aux herbes........231
Couscous aux carottes et aux canneberges........178
Crème au café........96
Crème brûlée à l'avoine avec sauce aux framboises........76
Crème glacée à la vanille française........140
Crème glacée triple chocolat........141
Crêpe renversée aux pêches et aux pacanes........83
Crêpes........80
Crêpes aux noix et aux abricots........65
Crêpes de blé entier........66
Croquant de patates douces........236
Crostinis aux épinards et au fromage........35
Dacquoise aux amandes........136

Desserts

Baklava........143
Crème glacée à la vanille française........140
Crème glacée triple chocolat.141
Dacquoise aux amandes........136
Fondue à l'orange, au piment et au chocolat........128
Gâteau Alaska individuel cuit au café irlandais........134
Mousse aux deux chocolats, sauce aux framboises........132
Petits fours aux amandes........142
Pots de crème au chocolat........129
Soufflé au citron........138
Tourte au chocolat et aux arachides........130
Yogourt glacé à l'ananas........139

Divinités........121

Empanadas rapides pour le petit déjeuner ... 74
Espadon grillé à la sicilienne ... 166
Feuilles de chou vert à la mode du sud ... 246
Figues enrobées de prosciutto, avec sauce à l'orange et au miel ... 20
Filet de porc rôti avec sa salsa de prunes fraîches ... 154
Filet mignon avec beurre à l'estragon ... 167
Fondue à l'orange, au piment et au chocolat ... 128
Fudge du chocolat ... 118
Ganache au chocolat ... 115
Garniture à la cannelle ... 79
Garniture à la crème au beurre et au chocolat ... 136
Garniture au crabe et à l'aneth ... 30
Garniture au poulet et à l'ananas ... 30
Garniture crémeuse la saucisse italienne ... 31
Garniture pralinée croquante ... 236
Gâteau Alaska individuel cuit au café irlandais ... 134
Gâteau allemand au chocolat ... 90
Gâteau au chocolat classique ... 88
Gâteau au fromage à la citrouille avec croûte de biscuits secs au gingembre et aux pacanes ... 98
Gâteau au fromage marbré ... 92
Gâteau aux carottes ... 86
Gâteau aux noix de macadamia et aux bleuets ... 81
Gâteau aux pommes et à la cannelle ... 79
Gâteau blanc facile ... 100
Gâteau Bundt à la crème sure ... 102
Gâteau des Anges ... 94
Gâteau jaune rapide ... 95
Gâteau mousseline à l'orange ... 105
Gâteaux au fudge et au capuccino ... 96

Gâteaux et glaçages

- Gâteau allemand au chocolat ... 90
- Gâteau au chocolat classique ... 88
- Gâteau au fromage à la citrouille avec croûte de biscuits secs au gingembre et aux pacanes ... 98
- Gâteau au fromage marbré ... 92
- Gâteau aux carottes ... 86
- Gâteau blanc facile ... 100
- Gâteau Bundt à la crème sure ... 102
- Gâteau des Anges ... 94
- Gâteau jaune rapide ... 95
- Gâteau mousseline à l'orange ... 105
- Gâteaux au fudge et au capuccino ... 96
- Glaçage à la crème au beurre ... 100
- Glaçage au chocolat ... 101
- Glaçage crémeux au caramel ... 87
- Quatre-quarts double chocolat ... 104
- Roulé double citron ... 103

Gaufres au babeurre, bananes et noix ... 70
Gaufres croustillantes ... 80
Glaçage à l'orange ... 105
Glaçage à la crème au beurre ... 100
Glaçage au caramel écossais ... 114
Glaçage au chocolat ... 101
Glaçage au chocolat blanc et au fromage à la crème ... 122
Glaçage au chocolat et aux arachides ... 130

Glaçage au fromage
à la crème ... 86
Glaçage au thé Earl Grey ... 108
Glaçage aux pacanes
et à la noix de coco ... 90
Glaçage crémeux au caramel ... 87
Glaçage pour petits fours ... 142
Granola maison fruité
et consistant ... 72
Haricots verts et shiitakes ... 234

Hors-d'œuvre

Arancini ... 22
Baba gannouj ... 34
Bâtonnets de fromage ... 35
Bouchées panini Margarita ... 19
Brochettes barbecue
à l'asiatique ... 20
Champignons farcis
à la saucisse ... 37
Choux farcis ... 30
Crostinis aux épinards
et au fromage ... 35
Figues enrobées de prosciutto,
avec sauce à l'orange et au
miel ... 20
Hoummos ... 37
Makis végétariens ... 18
Pakoras ... 24
Samosas ... 26
Taboulé dans des
bols-tomates ... 36

Tartelettes aux champignons
et aux oignons ... 28
Tiropetas ... 32
Trempette au cari ... 34
Hoummos ... 37
Lasagne au pesto ... 184
Macarons fondants ... 118
Makis végétariens ... 18
Meilleurs biscuits
au sucre, les ... 124
Moussaka grecque
traditionnelle ... 172
Mousse aux deux chocolats,
sauce aux framboises ... 132
Muffins à l'orange ... 56
Muffins aux fraises ... 61
Muffins aux œufs
et au bacon ... 78
Nouilles asiatiques piquantes
et épicées ... 177
Nouilles aux œufs de base ... 177
Nouilles de riz au brocoli
et au tofu ... 188
Œufs bénédictine avec saumon fumé
et sauce hollandaise ... 64
Pain au bicarbonate
et à la crème sure ... 49
Pain avoine et miel ... 60
Pain blanc basique ... 48
Pain croustillant
de grains entiers ... 40
Pain de blé
aux grains entiers ... 58
Pain de seigle de New York ... 44
Pain français ... 57
Pain noir de Russie ... 52
Pain pumpernickel
classique ... 42

Pains

Beignes à l'ancienne ... 41
Biscuits poudre à pâte ... 51
Challah ... 50
Muffins à l'orange ... 56
Muffins aux fraises ... 61
Pain au bicarbonate
et à la crème sure ... 49
Pain avoine et miel ... 60
Pain blanc basique ... 48
Pain croustillant
de grains entiers ... 40
Pain de blé
aux grains entiers ... 58

Pain de seigle de New York ... 44
Pain français ... 57
Pain noir de Russie ... 52
Pain pumpernickel classique ... 42
Pâte à pizza croustillante ... 46
Scones ... 54
Pakoras ... 24
Pasta con Salsice ... 190
Pâte à pizza croustillante ... 46
Pâte à tarte parfaite ... 200
Pâte à tarte pour une tarte à 2 croûtes ... 198
Pâtes à la sauce crémeuse à la vodka ... 182
Pâtes aux épinards, sauce pomodoro ... 180
Pâtes, béchamel et palourdes ... 193
Pâtes de blé entier ... 194

Pâtes, riz et céréales

Couscous aux carottes et aux canneberges ... 178
Lasagne au pesto ... 184
Nouilles asiatiques piquantes et épicées ... 177
Nouilles aux œufs de base ... 177
Nouilles de riz au brocoli et au tofu ... 188
Pasta con Salsice ... 190
Pâtes à la sauce crémeuse à la vodka ... 182
Pâtes aux épinards, sauce pomodoro ... 180
Pâtes, béchamel et palourdes ... 193
Pâtes de blé entier ... 194
Pesto ... 195
Risotto à l'orge et aux légumes ... 192
Risotto aux cinq champignons ... 176
Sauce bolognaise ... 186
Sauce crémeuse aux crevettes ... 191

Petits déjeuners et brunchs

Café au lait moka java épicé ... 66
Casserole de pain doré aux pommes et à la cannelle ... 82
Chilaquiles de poulet avec salsa de chipotles ... 68
Crème brûlée à l'avoine avec sauce aux framboises ... 76
Crêpe renversée aux pêches et aux pacanes ... 83
Crêpes ... 80
Crêpes aux noix et aux abricots ... 65
Crêpes de blé entier ... 66
Empanadas rapides pour le petit déjeuner ... 74
Gâteau aux noix de macadamia et aux bleuets ... 81
Gâteau aux pommes et à la cannelle ... 79
Gaufres au babeurre, bananes et noix ... 70
Gaufres croustillantes ... 80
Granola maison fruité et consistant ... 72
Muffins aux œufs et au bacon ... 78
Œufs bénédictine avec saumon fumé et sauce hollandaise ... 64
Pesto ... 195
Petites côtes levées de dos à la jamaïcaine ... 170
Petits fours aux amandes ... 142
Pétoncles à la provençale ... 147
Piccata de poulet ... 161

Plats végétariens

Baba gannouj 34
Bâtonnets de fromage 35
Betteraves grillées glacées à l'orange et à l'érable 232
Bouchées panini Margarita 19
Casserole de pommes de terre à la méditerranéenne 243
Courge fouettée aux herbes 231
Crostinis aux épinards et au fromage 35
Feuilleté de patates douces....................................236
Hoummos 37
Lasagne au pesto.....................184
Makis végétariens 18
Nouilles de riz au brocoli et au tofu.............................188
Pakoras 24
Pâtes à la sauce crémeuse à la vodka 182
Pâtes aux épinards...................180
Pâtes aux épinards, sauce pomodoro 180
Pommes de terre nouvelles farcies................238
Risotto à l'orge et aux légumes...................192
Salade aux tomates marinées..............................225

Salade d'épinards et champignons farcis au chèvre..................220
Salade de chou piquante 245
Salade française aux lentilles.........................222
Salade rustique aux cerises séchées...........221
Samosas 26
Soufflé aux épinards.........................242
Taboulé dans des bols-tomates 36
Taquitos de haricots noirs avec salsa de tomatilles carbonisées.........................173
Tartelettes aux champignons et aux oignons....................... 28
Tiropetas 32
Trempette au cari 34
Plie florentine....................................164

Poissons et fruits de mer

Bar rayé en pâte de haricots noirs à l'asiatique.........................168
Espadon grillé à la sicilienne ...166
Œufs bénédictine avec saumon fumé et sauce hollandaise 64
Pâtes béchamel et palourdes 193
Pétoncles à la provençale 147
Plie florentine 164
Sauce crémeuse aux crevettes 191
Saumon glacé à l'orange........163
Poitrine de dinde fumée en pâte de chipotles 148
Pommes de terre au fromage suisse et au bacon.............240
Pommes de terre nouvelles farcies................238

Porc

Arancini.. 22
Champignons farcis à la saucisse......................... 37
Côtelettes de porc avec pommes et patates douces 152
Empanadas rapides pour le petit déjeuner 74
Figues enrobées de prosciutto, avec sauce à l'orange et au miel.............................. 20

Filet de porc rôti avec sa salsa
de prunes fraîches.............154

Muffins aux œufs
et au bacon 78

Pasta con Salsice.....................190

Petites côtes levées
de dos à la jamaïcaine......170

Porc moo shu..........................162

Saucisse italienne
maison 171

Porc moo shu.......................................162

Pots de crème au chocolat............129

Poulet rôti façon persane avec sa
sauce aux noix de Grenoble
et à la grenade...................146

Poulets de Cornouailles farcis
au riz sauvage 162

Quatre-quarts
double chocolat 104

Relish de poivrons rouges.............244

Risotto à l'orge
et aux légumes...................192

Risotto à la milanaise 22

Risotto aux cinq champignons.....176

Riz à sushi 18

Rôti de côte en croûte
de moutarde........................156

Roulé de bœuf..................................160

Roulé double citron 103

Sablés aux brisures de chocolat,
glaçage au thé Earl Grey..108

Salade aux tomates
marinées..............................225

Salade César au poulet grillé........224

Salade de chou piquante 245

Salade de crevettes.......................... 31

Salade d'épinards et champignons
farcis au chèvre..................220

Salade du marché 227

Salade française aux lentilles.......222

Salade rustique
aux cerises séchées...........221

Salades et vinaigrettes

Salade aux tomates
marinées..............................225

Salade César
au poulet grillé...................224

Salade d'épinards
et champignons farcis
au chèvre 220

Salade du marché....................227

Salade française
aux lentilles........................222

Salade rustique
aux cerises séchées...........221

Vinaigrette au
fromage bleu.......................226

Vinaigrette aux
graines de pavot 226

Vinaigrette russe 226

Salsa aux chipotles.......................... 68

Salsa aux prunes fraîches.............155

Samosas 26

Sauce au fromage..........................244

Sauce au fudge 96

Sauce au pesto................................195

Sauce au raifort...............................245

Sauce aux framboises....................133

Sauce aux noix de Grenoble
et à la grenade 146

Sauce barbecue...............................170

Sauce barbecue
Kansas City.........................231

Sauce bolognaise 186

Sauce chimichurri 150

Sauce crémeuse aux crevettes.....191

Sauce créole piquante 247

Sauce hollandaise 64

Sauce rémoulade............................247

Sauce tamari 27

Saucisse italienne maison 171

Saumon glacé à l'orange...............163

Scones 54
Soufflé au citron 138
Soufflé aux épinards 242
Taboulé dans des bols-tomates 36
Taquitos de haricots noirs avec salsa de tomatilles carbonisées 173
Tarte à la crème à la vanille 202
Tarte à la crème aux framboises 212
Tarte à la lime Key 210
Tarte à la patate douce et au bourbon 209
Tarte aux bleuets 198
Tarte aux fraises et à la rhubarbe avec croûte en treillis 206
Tarte aux pacanes et au chocolat 207
Tarte campagnarde à la poire 216
Tarte campagnarde aux pommes 201
Tarte des Anges à l'orange 208
Tarte fraises et bananes rapide et crémeuse 214
Tarte frangipane à la cerise 204
Tarte rustique aux prunes 199
Tartelettes à la crème anglaise et aux prunes 217
Tartelettes aux champignons et aux oignons 28

Tartes

Pâte à tarte parfaite 200
Tarte à la crème à la vanille 202
Tarte à la crème aux framboises 212
Tarte à la lime Key 210
Tarte à la patate douce et au bourbon 209
Tarte aux bleuets 198
Tarte aux fraises et à la rhubarbe avec croûte en treillis 206
Tarte aux pacanes et au chocolat 207
Tarte campagnarde à la poire 216
Tarte campagnarde aux pommes 201
Tarte des Anges à l'orange 208
Tarte fraises et bananes rapide et crémeuse 214
Tarte frangipane à la cerise 204
Tarte rustique aux prunes 199
Tartelettes à la crème anglaise et aux prunes 217
Tiropetas 32
Tourte au chocolat et aux arachides 130
Trempette au cari 34
Vinaigrette au fromage bleu 226
Vinaigrette aux graines de pavot 226
Vinaigrette russe 226

Volaille

Brochettes barbecue à l'asiatique 20
Chilaquiles de poulet avec salsa de chipotles 68
Piccata de poulet 161
Poitrine de dinde fumée en pâte de chipotles 148
Poulet rôti façon persane avec sa sauce aux noix de Grenoble et à la grenade 146
Poulets de Cornouailles farcis au riz sauvage 162
Salade César au poulet grillé 224
Yogourt glacé à l'ananas 139

Tableau de conversion métrique

MESURES DE VOLUME (sec)

⅛ cuillère à thé = 0,5 ml
¼ cuillère à thé = 1 ml
½ cuillère à thé = 2 ml
¾ cuillère à thé = 4 ml
1 cuillère à thé = 5 ml
1 cuillère à soupe = 15 ml
2 cuillères à soupe = 30 ml
¼ tasse = 60 ml
⅓ tasse = 75 ml
½ tasse = 125 ml
⅔ tasse = 150 ml
¾ tasse = 175 ml
1 tasse = 250 ml
2 tasses = 500 ml
3 tasses = 750 ml
4 tasses = 1 l

MESURES DE VOLUME (liquide)

1 once liquide (2 cuillères à soupe) = 30 ml
4 onces liquides (½ tasse) = 125 ml
8 onces liquides (1 tasse) = 250 ml
12 onces liquides (1 ½ tasse) = 375 ml
16 onces liquides (2 tasses) = 500 ml

POIDS (masse)

½ once = 15 g
1 once = 30 g
3 onces = 90 g
4 onces = 120 g
8 onces = 225 g
10 onces = 285 g
12 onces = 360 g
16 onces = 1 livre = 450 g

DIMENSIONS PLATS DE CUISSON

Ustensiles	Dimensions en pouces	Dimensions en centimètres	Volumes U.S.	Volumes métrique
Plaque à pâtisserie ou moule à gâteau (carré ou rectangulaire)	8 x 8 x 2	20 x 20 x 5	8 tasses	2 l
	9 x 9 x 2	23 x 23 x 5	10 tasses	2,5 l
	12 x 8 x 2	30 x 20 x 5	12 tasses	3 l
	13 x 9 x 2	33 x 23 x 5	14 tasses	3,5 l
Moule à pain	8x 14 x 3	20 x 10 x 7	6 tasses	1,5 l
	9 x 5 x 3	23 x 13 x 7	8 tasses	2 l
Moule à gâteau rond	8 x1 ½	20 x 4	4 tasses	1,2 l
	9 x 1 ½	23 x 4	5 tasses	1,25 l
Moule à tarte	8 x 1½	20 x 3	4 tasses	750 ml
	9 x 1½	23 x 3	5 tasses	1,25 l
Marmite ou cocotte	-	-	4 tasses	1 l
	-	-	6 tasses	1,5 l
	-	-	8 tasses	2 l
	-	-		

DIMENSIONS

1⁄16 po = 2 mm
⅛ po = 3 mm
¼ po = 6 mm
½ po = 1,5 cm
¾ po = 2 cm
1 po = 2,5 cm

TEMPÉRATURES

250 °F = 120 °C
275 °F = 140 °C
300 °F = 150 °C
325 °F = 160 °C
350 °F = 180 °C
375 °F = 190 °C
400 °F = 200 °C
425 °F = 220 °C
450 °F = 230 °C